VENCIENDO EL DESÁNIMO ESPIRITUAL

TIMOTHY M. GALLAGHER, O.M.V.

VENCIENDO EL DESÁNIMO ESPIRITUAL

La sabiduría y el poder espiritual del Venerable Bruno Lanteri

Traducido por el
Padre Arthur Torres Barona

EWTN PUBLISHING, INC.
Irondale, Alabama

Portada por David Ferris Design.

Imagen de portada (770336959) © Frankie's / Shutterstock.

Todas las citas de las Sagradas Escrituras están tomadas de la Biblia de Jerusalén: En Letra Grande Nueva Edición Revisada y Aumentada.

Imprimi potest: Fr. James A. Walther, O.M.V.,
Provincial de la Provincia de San Ignacio
Julio 29, 2019

EWTN Publishing, Inc.
5817 Old Leeds Road, Irondale, AL 35210

Distribuido por Sophia Institute Press, Box 5284, Manchester, NH 03108.

paperback ISBN 978-1-68278-377-1
e-book ISBN 978-1-68278-378-8

Library of Congress Control Number: 2023946950

Primera Impresión

Del Decreto de San Pablo VI Declarando la Heroicidad de las Virtudes del Venerable Bruno Lanteri:

> Su Santidad, Pablo VI, habiendo orado fervorosamente, en conclusión, en este día, después de celebrar la Misa con gran fervor, llamó a los Reverendísimos Cardenales Arcadia Maria Larraona, Prefecta de la Sagrada Congregación de Ritos, Benedetto Aloisi Masella, Relator de la Causa, y a mí con ellos, como Secretario, y decretó solemnemente que "el Siervo de Dios, Pío Brunone Lanteri, sacerdote y fundador de la Congregación de los Oblatos de la Virgen María, practicó en grado heroico las virtudes teologales de la fe, la esperanza y la caridad hacia Dios y el prójimo, así como las virtudes cardinales de la prudencia, la justicia, la templanza y la fortaleza, con sus virtudes asociadas."

Roma, 23 Noviembre 1965
Arcadio Card. M. Larraona,
Prefecto de la Sagrada Congregación de Ritos
Ferdinando Antonelli, O.F.M., Secretaría

CONTENIDO

INTRODUCCIÓN

Hace seis años, publiqué una biografía del Venerable Bruno, *Comenzar de nuevo: La vida y el legado espiritual de Bruno Lanteri*. Este largo y completo libro guía al lector a través de la vida y la enseñanza del Venerable Bruno. Más recientemente, compuse *The Venerable Bruno Lanteri: Spiritual Counsels for Life in the World* [*Consejos espirituales para la vida en el mundo*], una breve selección de citas de su enseñanza espiritual..

Este libro satisface una necesidad intermedia. Sus 114 citas te ofrecen acceso directo al consejo espiritual del Venerable Bruno para los muchos que, en sus momentos de desaliento, buscaron su ayuda. He escogido estas citas de sus cartas de dirección espiritual, principalmente aquellas para laicos, tanto hombres como mujeres, de sus notas espirituales personales, y de programas para la vida espiritual compuestos para sí mismo o para otros.

El título, *Venciendo el desánimo espiritual*, expresa el tema central de estas selecciones. Cada cita, con sus matices individuales, ofrece aliento y esperanza a las personas que necesitan escuchar este mensaje. ¿Y quién no? Los consejos del Venerable Bruno son eternos, y hablan a nuestros corazones hoy como lo hicieron en el pasado.

He organizado estas citas en seis capítulos correspondiendo a varios enfoques en la enseñanza del Venerable Bruno: un llamado a la esperanza, consejos prácticos para la vida de oración, cómo vivir el día con Jesús, consuelo en tiempos de sufrimiento, la bendición de la presencia de María, y pensamientos que dan ánimo.

Cada cita ofrece un consejo, una propuesta o una enseñanza. Siempre, como verás, el Venerable Bruno sigue siendo concreto y práctico; su enfoque es vivir la vida espiritual. Para cada cita, tengo anexo un comentario personal. Estos generalmente no son minuciosos, sino más bien me han brotado del corazón. Han sido espontáneos, nacidos de una larga asociación con estos textos y quien los escribió. Mi comentario busca menos añadir y más bien clarificar y reducir el ritmo, para que el lector pueda entrar más profundamente en los pensamientos que Venerable Bruno desea transmitir

Todas las traducciones son del autor. Para aquellos que desean ubicarlas, les proporcionaré la fuente de cada cita al final de este libro.

¿Cómo debe leerse este libro? ¡Esa es tu decisión! Muchos, creo yo, encontrarán que un ritmo lento funciona mejor, tal vez una o dos citas a la vez. Algunos pueden beneficiarse de un proceso más continuo de lectura. Otros podrían desear combinar estos enfoques en medio de sus actividades diarias. Yo creo que volver, quizás varias veces, a los textos que más conmuevan tu corazón valdría más la pena y el esfuerzo.

¡Qué este libro sea para ti una fuente de esperanza y aliento!

Prólogo

UNA PALABRA PERSONAL

Yo vine a saber del Venerable Bruno cuando me encontré con los Oblatos de la Virgen María. Sabía que era llamado al sacerdocio, pero todavía no sabía dónde. Había visitado mi seminario diocesano y varias comunidades religiosas, pero ninguno de estos parecía ser lo que yo buscaba.

Después, mi madre encontró un artículo acerca de los Oblatos y me lo mostró. Me intrigó inmediatamente. El componente Mariano de la espiritualidad de los Oblatos me habló, como lo hizo el calor de la comunidad apoyando la enseñanza papal y su énfasis en la oración. Parecían tener una identidad clara y convincente. Fue entonces cuando leí por primera vez sobre el Venerable Bruno, aunque permaneció en un segundo plano a medida que me enfocaba más en la comunidad Oblata actual y en mi discernimiento. Visité a uno de los sacerdotes Oblatos y, al siguiente otoño, ingresé a la comunidad localizada en las afueras de Roma.

Luego sucedió algo que, creo, solo la gracia de Dios puede explicar. El Venerable Bruno rápidamente comenzó a atraerme de una forma poderosa. Digo que solo la gracia puede explicar esto porque solo he tenido este tipo de atracción espiritual dos veces en mi vida: hacia el Venerable Bruno y, más tarde y muy relacionado, hacia los Ejercicios Espirituales de San Ignacio que el Venerable Bruno amaba tanto.

Estudié italiano y aún recuerdo el primer libro que leí, no sin esfuerzo, en el nuevo idioma: una biografía popular del Venerable

Bruno por Icilio Felici escrita en el 1950, cuyo título completo, en traducción, lee: *Un estándar nunca establecido: Pio Bruno Lanteri, fundador de los Oblatos de la Virgen María y precursor del movimiento a la Acción Católica.* Fue emocionante leer en un nuevo idioma, y fue mi primera introducción sustancial al Venerable Bruno. Esto solo despertó mi apetito por más.

No mucho después, encontré en la biblioteca de la comunidad un enorme volumen de mil páginas preparado para la causa de la canonización del Venerable Bruno, compilado por Monseñor Amato Frutaz en 1945. Este contenía documentos de la vida y escritos del Venerable Bruno en los tres idiomas que él habló y en los cuales escribió: italiano, francés y latín. El comentario de Monseñor Frutaz estaba en latín.

Yo estaba encantado de saber que podía leer los documentos italianos, y supe de inmediato que debía aprender francés y latín para poder asimilar el resto. En los próximos años, adquirí un conocimiento de la lectura en ambos lenguajes. Más tarde, cuando me di cuenta de que el alemán también era necesario para leer textos sobre el Venerable Bruno, estudié ese idioma también.

En todo esto había un interés, un jalón, algo—yo diría, una gracia—que eliminó cualquier dificultad u obstáculo que yo de alguna forma pudiera haber encontrado. Yo simplemente quería tener acceso completo al Venerable Bruno, y lo quería de corazón. Hubiera sido más difícil no perseguirlo habiéndolo conocido.

Durante mis estudios en el seminario, con la mayor frecuencia posible, elegí temas de ensayo relacionados con el Venerable Bruno. Entre estos se encontraba un estudio del *Itinerario de la mente a Dios* por San Buenaventura, un favorito del Venerable Bruno, y una reflexión sobre una obra que escribió en defensa de la enseñanza de San Alfonso de Ligorio, otro santo que el Venerable Bruno apreciaba mucho. Gradualmente, me fui familiarizando con las fuentes y fui expandiendo mi conocimiento del Venerable Bruno. El sentido de atracción se profundizó más.

El Vaticano II había pedido que las comunidades religiosas se renovaran de acuerdo con el "espíritu y los objetivos de sus Fundadores" (*Decreto sobre la renovación y adaptación de la vida religiosa*, 2). Durante estos años, de acuerdo con la directiva del Concilio, Paolo Calliari, un Padre Oblato, publicó las cartas del Venerable Bruno en cinco volúmenes, y luego una biografía sustancial en cinco volúmenes más. Los Oblatos en Roma también comenzaron una publicación interna de los escritos del Venerable Bruno. Una abundancia de material nuevo se me hizo disponible en forma impresa.

En el año anterior a mi ordenación y en los años siguientes, realicé estudios de posgrado en Teología Espiritual en la Universidad Pontificia Gregoriana. Entre mis profesores estaba el Jesuita Manuel Ruiz Jurado, a quien estaré siempre agradecido. Como contaré más adelante en este libro, una observación suya sobre el interés del Venerable Bruno en los Ejercicios Espirituales de San Ignacio inspiró muchos de mis estudios durante estos años. Le pedí que sirviera de moderador para mi tesis de licenciatura (el equivalente eclesiástico de una maestría) sobre este tema. Los meses que pasé escribiendo esta tesis me llevaron a profundizar la vida y el pensamiento del Venerable Bruno.

Luego comencé la tesis doctoral, nuevamente bajo el Padre Ruiz Jurado, en la que exploré la importancia de los Ejercicios Espirituales en la vida y el carisma del Venerable Bruno como fundador. Por dos años, no hice nada más que leer y reflexionar sobre los escritos del fundador de mi comunidad y tuve la bendición de hacerlo con los documentos originales conservados en el archivo de los Oblatos. Esta fue una oportunidad única por la cual siempre he estado agradecido: no hubo mediación, no hubo autor secundario entre el Venerable Bruno y yo. Yo seguía leyendo y examinando el mismo papel en el que él escribió. Pude ver sus correcciones mientras él buscaba la palabra precisa que quería y las adiciones que él hizo mientras reflexionaba más sobre el tema.

Vivir en Italia durante estos años también me permitió conocer al Venerable Bruno. Pasé doce años en ese país y aprendí el idioma, la cultura, la historia, y la literatura. Leí las memorias de figuras importantes en la vida del Venerable Bruno y exploré la historia de la Iglesia de su tiempo. Con viajes repetidos a su propia región de Piamonte, la provincia del noroeste de la actual Italia, me familiaricé con la topografía, ciudades y pueblos, paisajes, y cultura de la zona. Cuando el Padre Calliari, quien tenía un profundo conocimiento del Venerable Bruno, ofreció un recorrido por lugares importantes de su vida en Piamonte y Francia, quedé encantado. Por dos semanas, viajamos diariamente en el Volkswagen maltratado del P. Calliari, visitando lugar tras lugar. Todavía tengo las notas y fotos de ese viaje.

Cuando terminaron mis estudios, el superior me envió a nuestro seminario y residencia en Boston donde enseñé durante cinco años. Cada año, di charlas a nuestros novicios sobre la vida y espiritualidad del Venerable Bruno, así como la historia de su época. Más tarde, estas conversaciones fueron grabadas en video como una serie de treinta y ocho conferencias. Cuando, después de esos años, fui nombrado maestro de novicios, tal enseñanza continuó.

El tiempo pasó y mi ministerio Oblato me llevó a publicar una serie de libros sobre temas Ignacianos. Entonces, un día, nuestro provincial me pidió escribir una biografía del Venerable Bruno. Mi "sí" fue no solo una respuesta a la autoridad religiosa pero también a un deseo que siempre había sentido. ¡Era una tarea intimidante! La biografía requirió cinco años: tres de estudio adicional y dos de escritura. Durante estos años, viví en el mundo del Venerable Bruno, su cultura, sus tiempos, y sus preocupaciones. Esa inmersión cambió decisivamente mi comprensión de él.

Antes de eso, había visto la dedicación, la determinación, y el heroísmo. Ahora también vi las luchas, las decepciones, las cargas físicas, y el dolor de la pérdida. Es decir, vi el lado humano del Venerable Bruno. Durante mucho tiempo había admirado su fuerza, pero fue su debilidad lo que finalmente se ganó mi admiración total. Él conoció nuestras luchas—incluso las mías; no se excusó de ellas. Y no sucumbió ante ellas. Me dio, como lo había hecho tantas veces en su vida, esperanza y aliento. Por esta razón, a sugerencia del editor, titulé el libro: *Comenzar de nuevo: La vida y el legado espiritual de Bruno Lanteri* (Escrito en inglés: *Begin Again: The Life and Spiritual Legacy of Bruno Lanteri*). Esto fue central en su mensaje: nunca cedas ante el desánimo; eleva tu corazón inmediatamente al Dios que tanto te ama; y comienza de nuevo, siempre, día tras día, si es necesario, hora tras hora. El Venerable Bruno repitió sin fin este consejo.

Un día, mientras escribía los capítulos finales de *Comenzar de Nuevo* (*Begin Again*), dejé de lado el bolígrafo y me senté en mi escritorio. Por un tiempo permanecí sentado simplemente absorbiendo el contenido que estaba describiendo. Porque el Venerable Bruno vivió en comunidad durante sus últimos tres años, tenemos abundante testimonio de su vida durante ellos. Habiendo explorado anécdota tras anécdota de una cálida, y rica santidad, me encontré diciendo: "Este hombre es un santo. Vivió con virtud heroica. Antes lo sabía porque la Iglesia lo ha proclamado formalmente. Ahora lo sé yo mismo. ¡Este hombre debe ser canonizado!" Desde entonces, he hecho lo que puedo para llevar su vida y enseñanza a otros, convencido de que él tiene un mensaje importante para nuestro tiempo, cada vez más similar al suyo propio.

Mientras escribía *Comenzar de nuevo* (*Begin Again*), mi padre falleció. Mi madre estaba sola y necesitaba la presencia de su familia. Pasé tiempo en una parroquia local, ayudando con Misas y confesiones, escribiendo, y ayudando a mi madre. Al mismo tiempo, mis compromisos de charlas aumentaron. La presión combinada condujo a un crecimiento en una cuerda vocal y la cercana pérdida de mi voz. Tuve que suspender todo el ministerio. Cuando la medicina no pudo resolver el problema, el médico me hizo una cirugía vocal. Las complicaciones llevaron a una segunda cirugía dos semanas después. Durante los próximos años, siguieron cuatro cirugías vocales, cada una acompañada por una pérdida temporal de mi voz. Como este ciclo se repetía una y otra vez, empecé a perder la esperanza. Me preguntaba si algún día volvería a la vida normal y al ministerio

Luego, tres años después de la primera cirugía—¡me pesa que esto me haya llevado tres años!—se me ocurrió rezar al Venerable Bruno todos los días, pidiendo por la voz que necesitaba. Al comienzo de cada día, decía la oración por su intercesión encontrada al final de este libro. Cosas comenzaron a suceder.

En un viaje, necesitaba un reabastecimiento de un medicamento que estaba tomando para otro malestar. Se perdió en el correo y pasé algunas semanas sin el medicamento. Encontré que mi voz mejoró. En otra ocasión, un médico sugirió un cambio en la dieta, nuevamente para otro asunto. Hice el cambio y, una vez más, descubrí que mi voz mejoraba. Como tales sucesos se multiplicaron, no pude negar el apoyo del Venerable Bruno en respuesta a mi oración diaria.

Eso fue hace seis años. Todavía digo esa oración todos los días. Desde que empecé a rezarla, no he necesitado más cirugías. Como puedes imaginar, diré esa oración todos los días hasta que muera. Con los años, he agregado las necesidades de los demás a esa oración diaria.

Pasando a un tema menos serio, conociendo el amor del Venerable Bruno por la lectura, hace tiempo que le pido ayuda cuando necesito encontrar el libro adecuado para una dada ocasión. Esta oración, también, es respondida sin falta. Desde que escribí la biografía, he comenzado a hablar sobre la vida y el mensaje del Venerable Bruno. La respuesta me ha mostrado, en una manera más y más poderosa, la riqueza de su testimonio y enseñanza. Como verás en este libro, su consejo es cálido, comprensivo, siempre alentador, siempre una fuente de nueva esperanza. Su consejo práctico sobre la vida espiritual lleva a las personas a decir, simplemente: "¡Eso es factible!" Y en tiempos difíciles, cuando el desánimo puede emerger fácilmente, su firme llamado a la confianza resuena más y más profundamente.

Unos años atrás, nunca habría pensado que su mensaje sería tan relevante en nuestra vida contemporánea.

Bruno Lanteri nació en el norte de Italia en 1759 y murió allí en 1830. Estos fueron los años tumultuosos en que la Revolución Francesa convulsionó primero a Francia y luego toda Europa. La guerra, la opresión política y la persecución de la Iglesia llegaron a la región del Venerable Bruno en Piamonte. En estos mismos años, la Iglesia luchó por liberarse de un Jansenismo sombrío—una enseñanza que caracterizó a Dios como un juez fácilmente enojado, lo que llevó a la gente a temerlo en lugar de amarlo—y la pesada carga pastoral que esto impuso. Siempre involucrado y atento a las necesidades de la Iglesia, y luchando contra su severa condición física, durante sus setenta y un años de vida y cuarenta y ocho de sacerdocio, el Venerable Bruno ofreció esperanza, consuelo, aliento, nuevo vigor de fe, y energía apostólica a innumerables hombres y mujeres. Las selecciones de sus escritos presentados en este libro revelarán la razón por que.

Espero que sus palabras te abran ese mismo camino a la esperanza.

Venerable Bruno Lanteri

Capítulo Uno

VIVIR CON ESPERANZA

1. *Di entonces con valentía: "Comienzo ahora mismo" y avanza constantemente en servicio a Dios. No mires para atrás tan seguido, porque quien mira hacia atrás no puede correr. Y no te sientas contento de comenzar solo este año. Comienza todos los días, porque es para cada día, incluso para cada hora del día, que el Señor nos enseñó a decir en el Padre Nuestro: "Perdona nuestras ofensas" y "Danos hoy nuestro pan de cada día."*

En cualquier momento de desánimo, cuando sientas que has fallado una vez más, que hay consecuencias irreversibles, que es demasiado tarde, que nunca cambiarás, tan solo di: "¡Comienzo ahora mismo!" Y dilo con valentía, con seguridad porque la gracia de Dios siempre está contigo, porque te ama, porque nunca es demasiado tarde, porque nada es imposible para Dios (Lucas 1: 37). No hay nada que puedas haber hecho, ningún lugar en el que puedas haber estado en tu vida, que pueda de alguna forma detenerte a recurrir ahora mismo a Dios, pidiendo perdón si lo necesitas,—un perdón que Dios se deleita en dar, se regocija por dar, y que está ansioso por dar (Lucas 15)—y comenzar de nuevo. He visto este consejo del Venerable Bruno dar esperanza a muchos.

"No mires para atrás tan seguido, porque quien mira hacia atrás no puede correr." ¡Compruébalo! Intenta correr mientras miras para atrás por encima de tu hombro. ¡Comenzarás rápidamente a reírte y te rendirás, o te caerás! No permitas que tu corazón se detenga tan a menudo por sus fallas pasadas. Es más importante y de bendición comenzar ahora a mirar hacia adelante, y continuar hacia donde Dios te está guiando ahora.

Haz esto no solo una vez al año, ni siquiera al comienzo de cada día—ambas son ciertamente prácticas maravillosas—pero hazlo incluso cada hora del día, con esperanza y confianza en el amor de Dios. ¿Puedes tratar de hacerlo? ¿Puedes ver la diferencia que esto hará? ¿La esperanza que esto traerá? ¿El ánimo que sentirás al cumplir las tareas que Dios te ha encomendado? Entonces el perdón y el pan de cada día, los alimentos diarios que necesitamos para nuestro cuerpo y vida espiritual, entrarán gentil y alegremente en nuestros corazones.

2. *Mantente en guardia contra el desánimo y la falta de confianza. Esfuérzate en hacer bien todo lo que haces, pero hazlo con respeto por tu humanidad, sin luchar por una perfección imposible, enfocándote simplemente en el día que nos ocupa. Recuerda que "el hombre justo cae siete veces al día," y así encontrarás bendición no solo al comienzo de todos los días, sino cada hora.*

El mayor obstáculo en la vida espiritual es el desánimo. Para aquellos que aman al Señor y tratan sinceramente, con todas sus fallas, seguirle, este es el gran peligro. Y así comienza el Venerable Bruno aquí: ¡Mantente en guardia contra el desánimo!" ¿Estás desanimado estos días? ¿Incluso hoy? Sé consciente y vigilante contra este sentimiento. El Venerable Bruno sugerirá formas concretas de cómo combatir el desánimo, como veremos más adelante.

Sí, esfuérzate por hacer bien todo lo que haces,—tu oración, tu trabajo, tus relaciones, tu servicio a los demás, tu vida en la Iglesia—pero hazlo con respeto por tu humanidad. Si te encuentras esforzándose por hacer esa última buena obra a un paso del agotamiento total; si te encuentras asumiendo una responsabilidad más cuando sabes que ya estás demasiado estresado; si consideras emprender en una práctica espiritual adicional que sabes que solo será posible si nada imprevisto interfiere,—y sabes que ocurrirán cosas imprevistas—haz de saber que Dios no está pidiendo esto de ti ahora mismo. Sí, esfuérzate por hacer bien todo lo que haces. Dios quiere eso de ti. Pero Dios también quiere que respetes la humanidad que Él te ha dado, la humanidad que Él mismo asumió y que Él ama.

Dios tampoco te pide que luches por una perfección imposible. Al contrario, concéntrate simplemente en el día presente. Haz lo que Dios te ha dado que hacer hoy. Eso es suficiente. Ese es tu camino hacia la santidad; eso es todo lo que necesitas.

He llegado a amar la afirmación bíblica de que el hombre justo cae siete veces al día (Prov. 24:16). ¡Así es! Por eso tenemos un rito penitencial al comienzo de cada Misa: "Yo confieso...que he pecado mucho." Es por eso que la Oración Nocturna en la Liturgia de las Horas comienza con un examen de conciencia. Por eso tenemos el Sacramento de la Reconciliación. Nuestras fallas no deben sorprendernos ni nos deben desanimar. Aquí, también, el Venerable Bruno nos anima a comenzar de nuevo, y no solo todos los días, sino cada hora.

Vuelve a leer estas palabras del Venerable Bruno lentamente.

3. *Mantén lejos de ti el espíritu de tristeza y melancolía. Muéstrate alegre incluso cuando no te sientas así debido a problemas físicos. En esos momentos más que nunca, guárdate de encerrarte en ti mismo y dirige tus pensamientos al Paraíso, porque es tuyo.*

Evita la tristeza; evita la melancolía. Estos pesan sobre ti y sobre otros a tu alrededor. Entonces sigue este notable consejo: "Muéstrate alegre incluso cuando no te sientas así debido a problemas físicos." Muchos de nosotros conocemos la carga de enfermedades físicas, dolores, limitaciones. Sabemos cómo el dolor físico desvía nuestra atención, lo difícil que es ignorar, lo fácil que es envolverse en él. Muéstrate alegre en esos momentos, dice el Venerable Bruno, incluso cuando te sientes frustrado, enojado o miserable. No es fácil; necesitamos la ayuda de Dios para poderlo hacer. Pero la gente que nos rodea nos amará por ello y tomarán fuerza de nosotros al enfrentar su propio dolor.

Hace algunos años, me sometí a una serie de cirugías, y la vida se me hizo difícil. Tomé este dicho del Venerable Bruno, lo imprimí y lo pegué en la pared de mi habitación donde lo vería a menudo durante el día: "Muéstrate alegre incluso cuando no te sientas así debido a problemas físicos." Fue de gran ayuda para mí.

En esos momentos, no te encierres en ti mismo, más bien, permanece abierto a otros. Piensa en el Cielo, en el Paraíso, en el significado de tu dolor; esto no es sin propósito o simple mala suerte, sino una preparación para una recompensa eterna. "Considero que los sufrimientos de este tiempo presente no son nada comparados con la gloria que se revelará para nosotros" (Rom. 8:18).

4. *Siempre debemos de tener en nuestros corazones este dicho del Espíritu Santo: Sentite de Deo en bonitate [Piensa en Dios con espíritu de bondad; ver Sab. 1:1]. Entonces debemos buscar sentimientos dignos de Dios primero en nosotros mismos para luego inspirarlos en los demás y alcanzar el objetivo de amarlo y llevar a todos a amarlo.*

Sentite de Deo en bonitate. Este versículo de la Escritura fue una expresión frecuente en el Venerable Bruno, el cual repetía una y otra vez. ¿Le tienes miedo a Dios? ¿Lo sigues con fe y amor pero también con una carga en tu corazón? ¿Hay áreas grises en los márgenes de tu corazón, lugares donde sientes con tristeza que Dios está decepcionado contigo, que Él quisiera verte haciendo más progreso, superar ese defecto que tienes con más firmeza, dejar de fallar en esa área? ¡*Sentite de Deo en bonitate*! ¡Piensa en Dios con espíritu de bondad! Deja que tu corazón se expanda al conocer su comprensión, sus ansias de perdonarte y sanarte, el deleite que siente por ti y, simplemente, su bondad. Sí, *Sentite de Deo en bonitate*—y comparte estos sentimientos con los demás.

Aquí hay una joven que se ha portado mal en la escuela. Ha hecho algo muy serio, no algo pequeño o ligero. La noticia le llegó a su padre, y él la espera en casa. Ella llega a casa y se para afuera de la puerta, dudando. Ella sabe que su padre está adentro. Tiene miedo. Abre la puerta, y ahí está su padre. Él no dice ni una palabra. Se acerca a ella, la abraza, y dice: "Te amo." Ahora ella puede contarle todo.

Piensa en Dios con espíritu de bondad, en una forma digna de quien Dios realmente es. A medida que lo hagamos, nos enamoraremos de Él y llevaremos a otros a amarlo también.

> 5. *Mantén constantemente ante ti estas dos propuestas que les insto a renovar a menudo y con una santa persistencia: primero, nunca ofender a Dios con pleno conocimiento y, segundo, si caes, nunca perseveres en ello con tu voluntad, sino con humildad y valentía, para levantarte de inmediato y comenzar de nuevo, firmemente convencido de que Dios te perdona en el instante mismo que, con humildad y confianza, le pides perdón.*

Una santa persistencia. Veremos al Venerable Bruno volver a esto con frecuencia. Aquí, él anima a una santa persistencia en dos cosas. Fallaremos por nuestra debilidad, por el cansancio, por la falta de entendimiento, o por razones similares. Esta es nuestra condición humana. Pero trata con una santa persistencia de nunca ofender a Dios con pleno conocimiento, con tus ojos bien abiertos.

Si fallas, nunca te quedes allí en esa situación, nunca dejes tu voluntad persistir en ello. Por el contrario, con humildad—una santa virtud que atrae bendiciones de Dios hacia ti—y ánimo, levántate inmediatamente y (una vez más este consejo) comienza de nuevo. Este "inmediatamente" es otro refrán en la guía espiritual del Venerable Bruno. ¡No te quedes en esta situación de fracaso!

¡Levántate inmediatamente, ahora, sin demora, y comienza de nuevo! Estas dos propuestas, practicadas con santa persistencia, cerrarán las puertas al desánimo y abrirán las puertas de la alegría.

El Venerable Bruno conoce a su corresponsal, y sabe que ella ama sinceramente al Señor y hace todo lo posible para servirle, y que ella, como nosotros, tiene sus fallas, fallas en el curso de sus acciones e interacciones de la vida diaria. Así que él puede aconsejarle con confianza de estar "firmemente convencido de que Dios [la] perdona en el instante mismo que, con humildad y confianza, le pid[a] perdón." En ese mismísimo instante. He visto esta enseñanza levantar los corazones de personas que han estado agobiadas por mucho tiempo debido a la sensación de sus fallas.

¿Puedes dejar que el Venerable Bruno te diga estas palabras también?

6. *Es muy importante que comprendamos profundamente cuán bueno es Dios y no medirlo por nuestras propias limitaciones o pensar que se cansa de nuestra vacilación, debilidad y negligencia. Nuestro Dios no es así. Debemos pensar en Él como realmente es, lleno de bondad, misericordia y compasión, y dejándonos conocerlo como el Padre amoroso que es, que nos levanta cuando hemos caído, que nunca se cansa de perdonarnos, y a quien damos una gran alegría y honor cuando buscamos el perdón.*

"Es muy importante!" ¿Qué es lo que tiene tanta importancia aquí? Que entendamos profundamente cuán bueno es Dios y "no medirlo por nuestras propias limitaciones." Es muy fácil para nosotros hacer esto, medir a Dios por nuestras propias limitaciones y pensar que "se cansa de nuestra vacilación, debilidad y negligencia."

Aquí hay una persona que siempre llega tarde. Aquí hay otro que promete ayudar, pero rara vez lo hace. Aquí hay otro que a menudo deja mal hecho el trabajo que necesitamos para nuestros proyectos. Aquí hay otro que duda, vacila y nunca toma una decisión. ¡Cuán rápido nos cansamos de esto! Y muy fácilmente pensamos que Dios es así con nosotros—que se cansa de nuestras dudas, nuestras debilidades y nuestros fracasos para cumplir nuestros compromisos en la oración, en el amor a los demás y en el servicio. Es muy importante que no midamos a Dios por nuestras limitaciones.

Este consejo ha significado mucho para mí a través de los años. Me ha hecho darme cuenta de la facilidad con la cual hago exactamente lo que el Venerable Bruno nos urge evitar: medir a Dios por nuestras propias limitaciones. Amo la libertad a la que conduce esta sabiduría.

"Nuestro Dios no es así," no está limitado de acuerdo con nuestras limitaciones humanas. Piensa en Él, entonces, Bruno dice, como realmente es, lleno de bondad, misericordia, compasión, "como el Padre amoroso que es." "Padre" es una palabra cálida, rica y amorosa para el Venerable Bruno. Él perdió a su madre cuando tenía cuatro años y fue criado por su padre, un médico experto, un católico dedicado y un buen padre con quien Bruno siempre estuvo agradecido. Además, su padre espiritual por veinte años, el P. Diessbach, era un hombre santo y sabio, con quien Bruno estuvo igualmente agradecido y a través del cual encontró su identidad espiritual. "Padre" para Bruno evoca la imagen de un Padre amoroso, que nos levanta cuando hemos caído, que nunca se cansa de perdonar y que siente gran alegría—no solo alegría, sino gran alegría—y es honrado cuando le pedimos perdón.

Bruno volverá a este tema, también, repetidamente: si podemos comprender quién es nuestro Dios realmente, el Padre amoroso que realmente es, las cargas se levantarán de nuestros corazones y creceremos en la vida espiritual, porque sabremos que somos amados. San Pablo VI describe "el secreto de la alegría insondable que habita en Jesús" y explica: "Si Jesús irradia tanta paz, tanta seguridad, tanta felicidad, tanta disponibilidad, es por el amor inexpresable con el cual Él sabe que es amado por su Padre" (*Exhortación apostólica sobre la alegría cristiana*). Nosotros también tenemos ese mismo Padre amoroso.

7. *Te insto a comenzar cada día dejando el pasado a la misericordia del Señor, y el futuro a su Divina Providencia. No te dejes preocupar por nada, ni siquiera por tus propias fallas, procurando superarlas inmediatamente por un acto de amor a Dios.*

Comienza tu viaje espiritual de nuevo cada día. Lo que te ayudará a hacer esto es dejar el pasado—cualquier falla, pecado, debilidad, y fracasos—a la misericordia de Dios, las mejores manos en las que puedes dejarlo, y el futuro a su Divina Providencia, nuevamente las mejores manos en las que puedes dejarlo. De esta manera, nos liberamos del peso de ambas preocupaciones sobre el pasado y las incertidumbres del futuro, y estamos más listos para comenzar de nuevo hoy, en este presente momento que Dios nos da.

"No te dejes preocupar por nada, ni siquiera por tus propias fallas." Por ninguna cosa. Ni siquiera por tus propias fallas. A menudo son precisamente nuestros propios defectos los que más nos preocupan. "Desearía haber sido más fuerte, más paciente, más constante, menos vacilante, menos propenso a caer, menos abrumado por el desánimo."

Esta fue la experiencia de Pedro después de la pesca milagrosa (Lucas 5: 1-11), cuando a través de esta señal se dio cuenta de que lo divino se había acercado a él en Jesús. Allí en el bote, casi lleno hasta hundirse con pescados, se arrodilló ante Jesús y dijo: "Apártate de mí Señor porque soy un pecador." En otras palabras: "No puedo estar tan cerca de ti. Soy un pecador, un hombre pecador. Que haya más distancia entre nosotros." Siempre me ha encantado la respuesta de Jesús. No discute con Pedro. Jesús simplemente dice las palabras que Pedro más necesita escuchar: "No tengas miedo," y confirma la pertenencia de Pedro a su misión. "No te dejes preocupar por nada, ni siquiera por tus propias fallas."

Por el contrario, ten cuidado de "superarlas inmediatamente por un acto de amor a Dios." Una vez más, esa palabra, "inmediatamente." No vaciles. No esperes. Cuando veas tus fallas, simplemente gira tu corazón hacia Dios y expresa tu amor por Él. Y estas fallas serán superadas.

8. *Si cayera mil veces al día, mil veces al día comenzaré de nuevo, con una nueva conciencia de mi debilidad, prometiendo a Dios, con un corazón pacífico, enmendar mi vida. Nunca pensaré en Dios como si fuera de nuestra condición, como si se cansara de nuestra vacilación, debilidad y negligencia. Más bien, pensaré en lo que es realmente característico de Él y lo que más valora, es decir, su bondad y misericordia, sabiendo que Él es un Padre amoroso que entiende nuestra debilidad, es paciente con nosotros y nos perdona.*

"Si cayera mil veces al día, mil veces al día comenzaré de nuevo." Mil veces al día: perdí la paciencia esta mañana en el desayuno, una y otra vez en el trabajo, esta tarde con mi cónyuge, mis hijos, mis feligreses, mis hermanos de comunidad, mis hermanas de comunidad, las personas en el grupo... Incluso mil veces al día. Entonces, mil veces al día comenzaré de nuevo.

Bruno escribió estas palabras en un programa espiritual personal cuando tenía veintidós años y se las ofrecía a menudo a otros en dirección espiritual. Este es uno de sus dichos más característicos.

Detente aquí por un momento. Vuelve a leer estas palabras: "Si cayera mil veces al día, mil veces al día comenzaré de nuevo." Medita en ellas. Ora con ellas por un momento. ¿Aplican a tu corazón o a tu vida? Pídele al Señor esta valentía y esta esperanza.

9. *Esperanza Heroica. Él mantuvo bien impresa en su corazón y siempre presente la máxima de que "el que espera todo, obtiene todo." Si él sentía que alguien se debilitaba en la esperanza,*

> *lo corregía con ardor y lo alentaba a renovar la práctica de esta virtud, en la cual, siendo virtud teologal, no puede haber exceso. Él decía con energía que, así como no es posible creer excesivamente en Dios ni amar a Dios lo suficiente, tampoco podemos esperar excesivamente en Dios. Y al decir esto, lo vimos profundamente conmovido por el gran ardor y vivacidad de su entusiasmo (Testimonio de un sacerdote cercano al Venerable Bruno durante veinte años).*

"Bien impresa," "siempre presente," "ardor," "aliento," "energía," "profundamente conmovido," "gran ardor," "gran vivacidad," "entusiasmo:" el Venerable Bruno, desde su corazón, con energía y afecto, repetidamente, a la primera señal de debilitamiento, nos anima a poner nuestra esperanza en Dios. Mientras Bruno miraba a su mundo y a los miembros de la Iglesia a su alrededor, vio claramente cuán fácilmente la gente puede perder la esperanza. ¿Es eso menos cierto hoy? ¿Qué sentimos al leer las noticias diarias? ¿Lo que se agita en nuestros corazones mientras observamos los sufrimientos de nuestra Iglesia? Nunca podemos esperar demasiado: "El que espera todo—*¡todo!*—obtiene todo."

A San Juan Pablo II se le preguntó cómo podía repetirle a la gente de este mundo, con todos los eventos tristes y trágicos que presencian, "no tengan miedo." Él respondió: "¿Por qué no debemos tener miedo? Porque el hombre ha sido redimido por Dios.

En la redención encontramos la base más profunda a las palabras '¡No tengas miedo!:' 'Porque Dios amó tanto al mundo que le dio a su único Hijo' (Juan 3:16). Este Hijo está siempre presente en la historia de la humanidad como Redentor. La Redención impregna toda la historia humana."

Entonces el Santo Padre nos dijo palabras a las que regreso más que cualquier otra que escribió o habló: "El poder de la Cruz de Cristo y la Resurrección es más grande que cualquier hombre malvado podría o debería temer." Amo la verdad, el realismo y la confianza de estas palabras.

Hay males en este mundo que podemos y debemos temer. Pero también hay un poder en este mundo, un poder que impregna toda la historia humana, hoy también, más grande que cualquiera de ellos: el poder de la Cruz y Resurrección de Cristo, es decir, el poder de la Redención. Y así el Santo Padre concluye: "Es muy importante cruzar el umbral de la esperanza, no detenerse ante él, sino dejarse llevar" (*Cruzando el umbral de la esperanza*, 219, 223–224). Nunca podemos esperar en exceso. El que lo espera todo lo obtiene todo.

10. *Aprendamos a seguir adelante incluso en medio de nuestras fallas, y nunca nos detengamos por ellas. Si no conocemos bien este arte, que no es para nada fácil para nosotros, corremos el riesgo de retroceder. Siempre debemos presuponer que cometeremos errores, porque solo en el Cielo se nos es dado servir a Dios sin ellos. Así que, tenemos que aprender a caernos, sí, pero a levantarnos de inmediato y buscar el perdón sin ser sorprendidos o agobiados por el pesar o dolor de haber buscado ser perdonados. No debemos rendirnos, no importa cuantas o cuan grandes sean las fallas que podamos tener, sino más bien humillarnos a nosotros mismos, arrepentirnos y levantarnos lo más alejado de ellas que podamos para no caer en ellas de nuevo, si tenemos la valentía para hacerlo, lo cual es una gran sabiduría y un excelente medio para progresar.*

Una vez más: "Así que, debemos aprender a caernos, sí, pero a levantarnos de inmediato." La serenidad de esta afirmación me interesa: debemos presuponer que cometeremos muchos errores. Nuestra oración no será lo que hubiéramos deseado, será muy corta demasiado distraída. O estaremos más centrados en nosotros mismos de lo que quisiéramos, menos pacientes, menos dispuestos a ayudar, a escuchar, a alentar, más autocomplacientes de lo que esperábamos...

Nuestro llamado es a levantarnos inmediatamente y pacíficamente a pedirle perdón a Dios, sin sorprendernos por nuestro tropiezo, sin permitir que el pesar nos agobie. Por el contrario, nos levantamos de estas fallas más humildes, menos apegados a ellas, y más cercanos a Dios. Sin este "arte" corremos el riesgo a perder el ánimo y retroceder; pero, con él, vamos con confianza hacia Dios. ¿Has aprendido este arte? ¿Podrás aprenderlo? Pídele a Dios, el Padre amoroso que el Venerable Bruno conocía muy bien, que te enseñe esta respuesta a tus fallas.

11. *La santidad no consiste en nunca fallar, sino en levantarse inmediatamente, reconociendo nuestra debilidad y pidiendo el perdón de Dios, y hacerlo con paz en el corazón, sin ser perturbados.*

La santidad misma consiste en este "arte" lleno de gracia.

¿Comprendemos lo que conlleva esta santidad? Si lo comprendiéramos, ¿no se convertiría entonces la santidad más accesible para nosotros? ¿No se hace evidente que el llamado universal a la santidad (como lo identifica el Concilio Vaticano II) no es un ideal remoto sino real para todos nosotros? La santidad no consiste en elevarse por encima de todos los defectos para que nunca fallemos; más bien consiste en fallar, y de hecho repetidamente, pero cada vez levantándonos rápidamente pidiéndole perdón a Dios todo el tiempo, manteniendo nuestra paz del corazón. Nuestras fallas nunca necesitan ni deberían cerrar las puertas de nuestro corazón a Dios. Si respondemos a ellas de la manera que el Venerable Bruno propone, estas mismas fallas se transforman en peldaños a la santidad ¿Podrías tratar de vivir de esta manera?

12. *Tu aflicción con respecto al pasado no tiene fundamento; es simplemente una tentación del enemigo. Te lo aseguro en el nombre de Dios. En cambio, por lo tanto, en vez de ceder a esto, dale gloria a Dios y agradécele desde tu corazón por la bondad*

infinita con la cual Él te ha perdonado todo. Este mismo enemigo no para de atacarte solo con respecto al pasado, sino que busca atacarte con respecto al futuro también. Sé vigilante de esto. Si no hiciste todo el progreso que deseabas en el año pasado, este no será el caso este año si te humillas a ti mismo y pones toda tu esperanza en Dios, preguntándole sin cesar que te conceda estas dos gracias que tanto necesitamos y que tanto Él desea darte, habiéndotelas prometido y hecho digno de ellas.

¿Tu pasado te agobia? ¿Tus fallas y pecados del pasado te pesan? ¿Te lo hacen difícil creer—realmente creerlo en el fondo de tu corazón—que Dios te ama? ¡Tenlo por seguro que esta no es la voz de Dios! Nuestro enemigo deseosamente opera en nuestras vulnerabilidades, causando esta sensación de peso y de carga. Tú le has traído todo a Dios en el pasado y le pediste perdón. Por lo tanto, en vez de dejar que tu corazón se aflija, dale gracias a Dios de todo corazón por la infinita bondad con la que te ha perdonado todo.

Este mismo enemigo, continúa el Venerable Bruno, también intentará afligirte con respecto al futuro: "¡Mírate! Mira que poco progreso hiciste este último año, en los últimos años, en los últimos meses. ¿Por qué crees que será diferente ahora, este año? Nunca vas a progresar." ¡El Venerable Bruno nos insta a ser vigilantes! Estas voces tampoco son de Dios, sino claramente del enemigo. Solo necesitamos dos dones de gracia: un corazón humilde y uno lleno de esperanza cada vez más grande en Dios. Pídele a Dios por estas dos gracias hoy. Ahora mismo. Dios desea enormemente darnos las dos. Jesús, en la cruz, nos hizo dignos de ellas.

13. *¿No has visto que el enemigo busca despojarte de tu paz y confianza en Dios, que son dos disposiciones que tanto necesitamos para orar bien? Sigue entonces el consejo de Santa Teresa: "Nada te turbe," ni siquiera tus errores, porque estos son objeto y fundamento de la infinita misericordia de Dios que infinitamente sobrepasa la*

malicia de todos los pecados del mundo. Él firmemente resolvió nunca dejarte ser perturbado por nada en el mundo. Preséntate a ti mismo humilde y con confianza plena al Señor en oración y Él no fallará en tener compasión de ti.

Dios y el enemigo—dos polos opuestos. El enemigo busca despojarte de tu paz para debilitar tu confianza en Dios, para agobiarte y desanimarte. ¿Has sentido esto? Esta no es la voz de Dios. Dios le habla a tu corazón: "Nada te turbe, ni siquiera tus propias fallas. Mi infinita misericordia las envuelve y las sana todas. No dejes que tu corazón se turbe. Ven con un corazón abierto, sincero y humilde ante mí, con gran confianza, en oración, y comprobarás la cálida compasión de mi corazón."

> 14. *No te preocupes si tu oración no resulta como tú la deseas; es suficiente que esta sea como Dios la desea. Y no es difícil; lo único que necesitas es evitar la negligencia voluntaria.*

Tú le das tiempo a tu oración, pero se te hace difícil, seca y diferente de lo que deseas que sea. Sí, aprende de nuestra rica tradición espiritual de cómo orar: la Liturgia de las Horas, *Lectio Divina*, meditación reflexiva Ignaciana o contemplación imaginativa, el Rosario—lo que mejor te ayude a orar. Si tienes preguntas y acceso a un competente y sabio consejero espiritual o a lectura y recursos digitales útiles, entonces busca respuestas. Pero cuando has hecho todo lo que puedes, y aún tu oración no resulta como tú la esperas, no te turbes. Es suficiente, dice el Venerable Bruno, que esta vaya como Dios desea. Y esto, continúa él diciendo, no es difícil. Todo lo que tenemos que hacer es evitar la negligencia voluntaria en preparar, en dar tiempo, en encontrar un lugar apropiado, y en pacíficamente seguir estando atentos en la oración misma. Todo esto lo podemos hacer nosotros.

Uno de los consejos más útiles en cuanto a la oración que yo he encontrado es el de Sta. Teresa de Ávila. Después de la riqueza de la enseñanza que ella da en oración, Sta. Teresa dice que, al final, para tener una mayor vida de oración depende de una cosa: la fidelidad. Así que nunca te rindas. No importa cuán difícil, vacía, sin fruto o imperfecta tu oración parezca, nunca pares de orar y tu vida de oración crecerá. He sido testigo de la verdad de estas palabras a menudo durante estos años, y esto me da ánimo cuando la oración me resulta difícil. No te sientas preocupado si tu oración no resulta como la deseas; es suficiente que esta sea como Dios la desea. No es difícil, solamente necesitas evitar la negligencia intencional en la oración.

> 15. *No te sorprendas al encontrarte árido espiritualmente. Esta es una condición humana a la cual todos nosotros estamos sujetos, y tú te lucrarás espiritualmente de esto cuando lo soportes con paciencia y perseverancia, luchando por evitar negligencia voluntaria. Y si caes en negligencia voluntaria, benefíciate de ella, humillándote a ti mismo delante de Dios y renovando el propósito siempre de comenzar.*

A veces no sentirás la cercanía de Dios, y la oración misma estará seca. Desearás más energía, más celo, más entusiasmo en las cosas espirituales. Sentirás tristeza de que hoy, esta semana, este mes, la oración parece muy seca, demasiado árida espiritualmente. No te sorprendas encontrarte a ti mismo vacío. Esto, afirma el Venerable Bruno, es una condición humana, una condición a la cual todos estamos sujetos a veces debido a esta composición de cuerpo-alma que es nuestra realidad humana. La indisposición física o cansancio emocional juegan también su papel aquí. Nosotros nos beneficiamos espiritualmente cuando soportamos esta condición con paciencia y perseverancia, tratando de evitar cualquier negligencia voluntaria—libremente elegida. Incluso si caemos en esto, nos beneficiamos espiritualmente cuando nos presentamos humildes ante Dios y comenzamos de nuevo. Cuando la oración es árida, haz lo mejor que puedas y nunca te permitas estar desanimado.

16. *Si tú deseas reconocer al enemigo, incluso cuando este se presenta bajo la apariencia de bueno, nota si lo que él propone te causa desánimo cuando te lo sugiere, este es un signo seguro de una tentación escondida.*

Un pensamiento llega. Esto es algo que yo puedo hacer. Puede ser bueno. Esto me puede ayudar a crecer, servir mejor, responder más completamente al Señor. ¿Es esto de Dios? ¿Hay allí una tentación escondida en esto? Busca en tu corazón. ¿Qué es lo que este pensamiento mueve allí? Si es desaliento o desánimo, este pensamiento no es de Dios. "Los frutos del Espíritu son amor, alegría, paz, paciencia, amabilidad, generosidad, fidelidad, gentileza y dominio de sí" (Gál. 5:22-23).

17. *Sé de buen corazón, porque el Señor está contigo y Él te ama.*

Estas son las palabras de una carta que Venerable Bruno le escribió a una mujer dedicada quien a menudo estaba desanimada. Ella las copió y las conservó, incluso hasta después de la muerte del Venerable Bruno. Claramente significaron mucho para ella.

Léelas despacio otra vez.

Por años, he pegado estas palabras en la puerta de la oficina donde me reúno con personas para dirección espiritual. Quiero que ellos, sin importar qué cargas lleven, reciban estas palabras como el primer mensaje y que este dirija el tono para el compartir que sigue. La segunda razón por la cual hago esto es porque estas palabras son importantes para mí y yo, también, las quiero ver a menudo.

18. *Veo que eres siempre el mismo, es decir, que siempre caes en desánimo y este es tu defecto principal, el cual, si te rindes a este, te causará muchos más. Por lo tanto, es aquí más que en cualquier otro lugar donde debes fortalecerte, proponiéndote*

siempre desear ser invencible en la esperanza, pase lo que pase, y por más débil que creas ser. Porque, por nuestra parte, la base de nuestra esperanza es precisamente nuestra debilidad y, de parte de Dios, su misericordia, la cual es nada más que una sincera compasión por nuestra debilidad.

Una y otra vez, el Venerable Bruno vuelve a esto: el desánimo es el principal obstáculo en nuestras vidas espirituales. Los obstáculos principales no son nuestros defectos—nuestra impaciencia, nuestra lentitud en ayudar a otros, nuestras limitaciones en orar, nuestra propia indulgencia, nuestra falta de escuchar. El gran obstáculo es rendirse al desánimo al ver nuestras fallas.

¡Por supuesto que el enemigo quiere eso! Ese desánimo, como el Venerable Bruno afirma, si nos rendimos a él, nos traerá más problemas espirituales.

Por lo tanto, "es aquí"—cuando veas tus fracasos—"más que en cualquier otro lugar donde debes fortalecerte, proponiéndote siempre desear ser invencible en la esperanza, pase lo que pase, y por más débil que creas ser." "Pase lo que pase"—los fracasos de hoy, los de la semana pasada; "por más débil que creas ser"—los mismos fracasos, la misma sensación de simplemente no poder superarlos. Es aquí mismo, donde debes ser invencible en la esperanza.

Tú puedes responder diciendo: "Escucho ese consejo y me encanta. Pero no me siento invencible en la esperanza. Muy a menudo siento lo contrario." El Venerable Bruno responde: "Sí, pero ¿podrías renovar este propósito de esperanza? ¿Puedes pedirle ayuda a Dios para dedicarte a ello? ¿Puedes recordar que 'por nuestra parte, la base de nuestra esperanza es precisamente nuestra debilidad' y, de parte de Dios, la base de nuestra esperanza es 'su misericordia, la cual es nada más que una sincera compasión por nuestra debilidad?'" Cuando exponemos nuestra debilidad a la compasión sincera de Dios, el desánimo disminuye y la esperanza crece.

19. *Te recomiendo que renueves más que nunca, y más a menudo, la santa presunción de desear del Señor la gracia para alcanzar la santidad que ya hubieras obtenido si siempre hubieras sido fiel a sus gracias.*

Santa presunción—una bendita gracia en la vida espiritual, absolutamente lo contrario del desánimo en la vida espiritual. Nunca es demasiado tarde. La puerta a la santidad nunca está cerrada. ¿Te sientes con pesar que debes conformarte con menos?

¿Que no has usado bien los años de tu vida hasta ahora?

Entonces relee estas palabras. Toma en serio este consejo.

Pídele a Dios que convierta tu pesar en santa presunción. Pídele esto más que nunca. Pide esto no de vez en cuando sino más a menudo. Pide "la gracia para alcanzar la santidad que ya hubieras obtenido si siempre hubieras sido fiel a sus gracias."

20. *Me alegra saber de tu resolución de ver la voluntad de Dios en todo, incluso en cosas desagradables. No te sorprendas si ves que no eres siempre constante en esta resolución, porque esta es la naturaleza de los actos humanos, y esto les sucede a todos, ya que solo en el Cielo seremos constantes en nuestros actos. Solo necesitas renovar estos actos de manera pacífica y diligente cuando sientes que te enfrías, al igual que te lavas la cara o las manos nuevamente según sea necesario, y no esperar que siempre permanezcan limpias. Ten paciencia para hacer lo mismo en las cosas del alma, porque esta es la disposición de la Divina Providencia, también por nuestro bien mayor, porque con la repetición de tus actos, tu mérito se multiplica.*

Tú decides tratar de ver la voluntad de Dios en todo lo que sucede, incluso en cosas difíciles, o vivir el día en unión con Dios, para responder a su llamada durante todo el día. Pero esto no sucede. A veces lo haces, pero a veces no lo haces; no eres constante en esta práctica.

El cumplimiento de nuestras resoluciones espirituales, como es el caso de todas las resoluciones humanas—hacer ejercicio regularmente, mantener una dieta saludable, practicar fielmente una habilidad que buscamos adquirir—no es recto, y no debemos sorprendernos que esto sea así. Esta es "la naturaleza de los actos humanos, y esto les sucede a todos." Si puedes asimilar profundamente esta verdad, cerrarás la puerta a mucho desánimo.

¿Cómo entonces responder cuando ves tu propia inconstancia? "Solo necesitas renovar estos actos de manera pacífica y diligente cuando sientes que te enfrías." Tranquilamente. Diligentemente. Renueva tu resolución cada vez que sientas que disminuye, y hazlo con paz. Esto es todo lo que necesitas hacer.

Mientras trabajas, ¿se te ensucian las manos o la cara? No te sorprendes, ¿verdad? No pierdes la paz. Simplemente te las lavas y sigues con tu día. "Ten paciencia para hacer lo mismo en las cosas del alma." La Providencia de Dios está trabajando en este ciclo de resolución, constancia mezclada con inconstancia y renovación pacífica y paciente. Cada vez que renuevas tu resolución, Él infunde aún más gracia en tu alma.

21. *Recuerda que no adquirimos santidad en veinticuatro horas ni sin defectos y fallas continuas. La conciencia de que cometeremos muchas fallas, muchísimas, nos ayuda enormemente hacia la santidad porque nos arraigan en el autoconocimiento y en humildad, y este es uno de los fundamentos de nuestra santificación, el otro siendo la esperanza invencible en la divina misericordia. Mantente atento, entonces, para no dejarte desanimar por ningún defecto y estar siempre listo para comenzar en todo momento. Solamente sé fiel a esto y te prometo que serás santo.*

"Setenta es la suma de nuestros años, u ochenta, si somos fuertes" (Sal. 90: 10), y los necesitamos todos, todos los años que Dios nos da, para hacernos santos. "Recuerda que no adquirimos santidad en veinticuatro horas." No te impongas esta carga en ti mismo, y no dejes que el enemigo te la imponga. Él tratará de desanimarte, diciendo: "Mírate. Mira los años de tu vida espiritual y qué lejos de la santidad estás. ¿Qué te pasa? ¿Quién te crees para pensar que algún día te harás santo?" "Recuerda que no adquirimos santidad en veinticuatro horas." Como San Juan de la Cruz dice: "En este camino siempre debemos seguir caminando para poder llegar" (*Subida al Monte Carmelo*, I, 11, 6).

Dos cosas nos ayudarán a seguir caminando: humilde autoconocimiento y "una esperanza invencible en la divina misericordia." Invencible. Esta esperanza en la cálida misericordia de Dios, siempre presente y siempre amorosa, que anima, e infunde energía para el viaje.

"Mantente atento, entonces, para no dejarte desanimar por ningún defecto y estar siempre listo para comenzar en todo momento."

22. *Recuerda que un solo acto de amor de Dios borra nuestras fallas diarias más fácilmente y más rápidamente que una cuerda de estopa se prende en fuego.*

La estopa es una fibra que se incendia fácilmente y se quema de inmediato. Imagina llevar un fósforo cerca de tal tejido, o tal vez cerca de periódicos u otras astillas. Míralo prenderse en fuego inmediatamente y arder completamente solo por un momento. En un instante, ya no existe.

Recuerda que un solo acto de amor de Dios borra nuestras fallas diarias más fácilmente y más rápidamente que una cuerda de estopa se prende en fuego. Hoy hiciste lo mejor que pudiste para ser paciente con tus compañeros de trabajo, tus hijos, tu familia, aquellos con quienes vives en comunidad. Hiciste todo lo posible para estar atento, escuchar, comprender y ayudar. Y eso es suficiente para borrar muchas fallas.

23. *Ten en cuenta que después de una caída, el espíritu maligno hace que parezca difícil volver a pedirle perdón a Dios y casi imposible poder corregir la falla; por el contrario, el buen espíritu reduce la dificultad, hace que sea fácil obtener el perdón, nos da energía, y nos anima, persuadiéndonos al mismo tiempo que no podemos estar sin faltas, pero que por medio de estas debemos humillarnos más y buscar el perdón de Dios.*

San Ignacio escribe que el enemigo pone obstáculos, y el buen espíritu alivia y elimina todos los obstáculos (*Reglas para el discernimiento de espíritus*, Regla 2). Cuando has caído en un defecto o pecado, podrás sentir una gran sensación de que esto nunca cambiará. Podrías escuchar insinuaciones así: "Seguirás cayendo de esta manera. Aquí estás una vez más, con la misma falla. Siempre serás igual. Nunca cambiarás." ¡Esta es la voz del enemigo! Reconócela como tal, y recházala. Nunca creas en esa voz. Es la voz del mentiroso (Juan 8: 44).

Pero cuando hayas caído, también escucharás otra voz en tu corazón que dice: "No dudes en volver ahora a Dios. Todo lo que encontrarás allí es amor, comprensión, misericordia, sanación. Es fácil pedir perdón a alguien que te ama tanto. Él se deleita en derramar sobre ti su amor sanador. Y puedes progresar en este defecto. No es tan difícil: la gracia de Dios siempre estará contigo para fortalecerte. Sí, lucharás y caerás a veces. Esta es la condición humana. Pero estas mismas caídas pueden llevarte a una bendita humildad y a buscar un perdón que te haga más fuerte." ¡Esta es la voz del buen espíritu! Reconócela como tal y acéptala. Créelo y déjate guiar por él.

24. *Recuerda de vez en cuando estas palabras de la Sagrada Escritura: "He aquí el Cordero de Dios" (Juan 1:29); "No he venido a llamar a los justos sino a los pecadores" (Mateo 9:13); "No son aquellos que están bien los que necesitan un médico, sino aquellos que están enfermos" (Mateo 9:12); "Si alguno ha pecado, tenemos un abogado con el Padre" (1 Juan 2: 1); "El*

> *Señor espera para mostrarnos su misericordia y al perdonarnos, Él será exaltado" (Isaías 30:18); "Todos han pecado y tienen la necesidad de la gloria de Dios" (Ro. 3:23); "Habrá mayor alegría en cielo por un pecador que se arrepienta que por noventa y nueve justos que no necesitan arrepentirse" (Lucas 15:7).*
>
> *Continúa reflexionando sobre la parábola del Hijo Pródigo, en el Buen Pastor, en la forma en que Jesús trató a los pecadores, y finalmente sobre la efusión de amor con la que él se inmoló a sí mismo en la cruz y todavía lo hace todos los días en el altar. Que la conclusión sea que nos pongamos a nosotros mismos inmediatamente en la presencia de Dios, reconociéndolo como Padre, esperando en Él, ni por un momento dudando de que seremos bien recibidos por tan buen Padre celestial, y que generosamente nos perdonará, y que, de hecho, seremos llenados por sus bendiciones.*

Tómate el tiempo ahora mismo, si puedes, para leer lentamente los siete versículos de las Escrituras citados anteriormente. Si te ayuda, toma tu Biblia en la mano, encuentra cada verso, y ora con ella. Deja que cada verso se una con los otros hasta tomar conciencia del amor y del perdón de Dios brotando en tu corazón. Haz esto no solo una vez, sino de vez en cuando.

Entonces, ahora mismo si puedes, o luego si no puedes hacerlo ahora, toma tu Biblia, y dirígete a Lucas 15. Lee, reflexiona y reza con la parábola del Hijo Pródigo: El Padre corre, abraza, celebra. Haz lo mismo con Juan 10, la parábola del Buen Pastor: conozco a los míos; doy mi vida por ellos; nadie puede arrebatarlos de mi mano. Luego mira a Jesús en la cruz y mira allí su infinito amor por ti: "Habiendo amado a los suyos que estaban en el mundo, los amó hasta el extremo" (Juan 13:1), hasta el último momento de su vida, hasta la máxima entrega. Mira al crucifijo, mejor tómalo en tus manos y míralo sin prisa.

"Que la conclusión sea que nos pongamos a nosotros mismos inmediatamente en la presencia de Dios, reconociéndolo como Padre, esperando en Él, ni por un momento dudando de que seremos bien recibidos por tan buen Padre celestial, y que generosamente nos perdonará, y que, de hecho, seremos llenados por sus bendiciones." De nuevo el "inmediatamente" de Bruno y su afirmación en el amor del corazón de nuestro Padre cuando nos volvemos hacia Él y le pedimos perdón, será nuestro consuelo en el momento del desánimo espiritual.

> *25. Siento en tu carta, la cual me hizo muy feliz al recibirla, un cierto desánimo en el servicio a Dios. Por la gracia de Dios, ten cuidado con esto. No hay enemigo más temido que este.*

"No hay enemigo más temido que este." Palabras fuertes, claras y energizantes. El Venerable Bruno repite una vez más que ese desánimo—lo que San Ignacio llama desolación espiritual—es el principal obstáculo en la vida espiritual. Creo que, para la mayoría de las personas dedicadas, durante la mayor parte de su camino espiritual, éste es el verdadero obstáculo: tiempos de desánimo y desolación cuando es difícil avanzar en la oración y en el servicio a Dios, cuando nos encontramos pensando tristemente en descuidar esto o aquello en la vida espiritual. No hay por qué sentir vergüenza en experimentar esta desolación espiritual. Repito esto porque es muy importante: ¡No hay por qué sentirse avergonzado de experimentar desolación espiritual! Todos los santos la experimentaron. Todos lo hemos hecho. Esto es parte de lo que significa vivir en un mundo caído, sí, pero también amado y redimido. Lo que importa es que nunca nos rindamos a la derrota.

"¡Por la gracia de Dios, ten cuidado con esto!" ¿Te sientes desanimado hoy? ¿Te encuentras espiritualmente desolado y descorazonado? ¡No permitas de ninguna manera que esto continúe!

¿Cómo podemos superar el desánimo? Sigamos ahora a los pasos concretos que el Venerable Bruno propone para este fin.

Capítulo Dos

VIVIR LA VIDA ESPIRITUAL

26. *Es importante comenzar de inmediato a hacer arreglos con el sacerdote para recibir la Comunión, y hacerlo lo más frecuentemente posible.*

El Papa Benedicto XVI escribe: "Un primer escenario esencial para aprender la esperanza es la oración. Cuando ya nadie me escucha, Dios todavía me escucha. Cuando ya no puedo hablar con nadie o llamar a cualquiera, siempre puedo hablar con Dios. Cuando ya no hay nadie para ayudarme a lidiar con una necesidad o expectativa que va más allá de la capacidad humana para la esperanza, Él puede ayudarme" (*Sobre la esperanza cristiana*, 32).

Y así, en esta carta de dirección espiritual, el Venerable Bruno comienza con oración. La destinataria es una madre de cuatro hijos con un hogar que manejar y con dificultades financieras que enfrentar.

Lo primero es la Eucaristía. Intenta, dice él, llegar a Misa y recibir la Sagrada Comunión lo más frecuentemente que puedas, no solo los Domingos sino también durante la semana cuando sea posible. La Eucaristía es la "fuente y cumbre de la vida cristiana" (Vaticano II, citado en *Catecismo de la Iglesia Católica*, 1324). Es decir, Él es la fuente de toda nuestra fuerza cristiana, la cumbre, el centro, y el punto más alto de nuestra vida cristiana. "Porque en la bendita Eucaristía está contenido todo el bien espiritual de la Iglesia, es decir,

Cristo mismo" (ibid.). Entonces, dice el Venerable Bruno, comienza aquí. Vive tan cerca de la Eucaristía como puedas.

> 27. *Sé constantemente fiel a la meditación y a la lectura espiritual, así sea solo un cuarto de hora de meditación o una sola página de lectura espiritual.*

Primero la Eucaristía, luego la meditación. El Venerable Bruno sabe que los días de su corresponsal—como los tuyos—están llenos. Entonces, él le pregunta, ¿puedes encontrar solo quince minutos al día para meditar, reflexionar y hacer oración sobre las Escrituras, sobre las verdades de nuestra Fe, estas verdades tan importantes en las que se basan nuestras vidas? ¿Puedes encontrar un cuarto de una hora cada día para esto?

Para algunos de nosotros, esto puede ser parte de la Liturgia de las Horas, para otros *Lectio Divina*, para otros la meditación reflexiva Ignaciana o la contemplación imaginativa de la Escritura, o para otros el Rosario. Cualquiera que sea la forma que elijamos, la forma que más nos ayude, ¿podríamos encontrar quince minutos al día para la oración meditativa? ¿Qué sucedería en nuestras vidas si lo hiciéramos?

Sobre la lectura espiritual, una vez más, el Venerable Bruno es práctico: "así sea... una sola página." ¿Podemos leer una página al día de un libro espiritual? Hoy esto también puede incluir ver un programa católico de televisión o escuchar radio católica, podcasts o audiolibros mientras hacemos ejercicio o manejamos. El Venerable Bruno aconseja que no dejemos ningún día pasar sin absorber alimento espiritual de una manera compatible con nuestros compromisos diarios. La esperanza nace de la oración.

> 28. *Lo mismo, también, va para el examen de conciencia, el cual puedes hacer mientras trabajas.*

El examen de conciencia, nuevamente con la misma nota de practicidad, es un ejercicio de oración que "puedes hacer mientras trabajas." Las finanzas nos pesan, la familia requiere atención, los niños tienen necesidades... Pero no olvides revisar tu día con Dios. Cuando no haya otro horario o tiempo disponible, haz esto mientras tus manos estén ocupadas, pero tu mente esté libre.

El enfoque del Venerable Bruno para la vida espiritual diaria es claro: concéntrate en las prácticas espirituales esenciales—la Misa, la meditación, la lectura espiritual, el examen de conciencia. Elige una cantidad de tiempo que sepas que puedes mantener. Entonces sé fiel: "Sé constantemente fiel," le dice a su corresponsal. Esta es una excelente receta para una duradera y fructífera vida espiritual.

29. *No olvides elevar tu corazón con frecuencia, pero suavemente y con paz, a Dios.*

Ahora Bruno, enfoca su atención hacia el resto del día, el tiempo activo, el tiempo más allá de nuestros tiempos formales de oración, y nos dice que nos mantengamos cerca de Dios durante estas horas. No es difícil. No toma tiempo de tus tareas. Simplemente eleva tu corazón frecuentemente, suavemente, con paz hacia Dios. Solo una palabra o dos en tu corazón, ofreciendo tu trabajo, tu alegría, tu dolor a Él. Entonces, como Jesús, a medida que se desarrolle tu día, dirás las palabras más felices para el corazón humano: "No estoy solo" (Juan 16:32).

30. *Realiza actos de mortificación, especialmente los internos; para ti, esto significa el esfuerzo de vivir cada momento con un espíritu gentil y alegre.*

Una vida de familia ocupada, responsabilidades, preocupaciones, planes para hacer, problemas para resolver, ansiedades financieras, preocupaciones de salud; en medio de todo esto, la impaciencia, la intolerancia y la irritabilidad pueden entrar muy fácilmente. Para esta mujer, el Venerable Bruno sugiere que su mortificación sea interior, del corazón, "el esfuerzo de vivir cada momento con un espíritu gentil y alegre." *El esfuerzo.* Sí, esto requerirá esfuerzo, un tipo de mortificación, una muerte a uno mismo. Y esto elevará tu corazón y hará de ti una fuente de armonía en la familia y en la comunidad.

31. *Por el amor de Dios, te ruego que emprendas una batalla continua contra esos estados de ánimo negativos, y nunca dejes de comenzar de nuevo.*

"Por el amor de Dios," con toda la energía que tengo, te ruego lo siguiente: "que emprendas una batalla continua contra esos estados de ánimo negativos." Que sea continua. Nunca te rindas ante el desánimo o la pesadumbre del corazón. Lucha contra esta tentación cuando la sientas. Este es un combate bendito, una fuente de gracia para ti y paz para aquellos con quienes vives.

Una vez más escuchamos la llamada, casi un refrán, "nunca dejes de comenzar de nuevo." Ahora, mientras lees estas palabras, hoy, en esta hora—*empieza de nuevo*. El amor de Dios siempre te espera y la puerta está siempre abierta. No es difícil; se puede hacer en un instante. Se puede hacer ahora.

32. *Al ir al altar siempre me imagino ver a Simeón que impulsado por el Espíritu fue al Templo para la presentación y la circuncisión de Jesús, o me imagino viendo a otro santo ferviente.*

En el umbral de la ordenación sacerdotal, el Venerable Bruno describió la forma en que deseaba celebrar la misa. Para cada parte de la Misa, eligió un afecto del corazón correspondiente, teológicamente una forma sólida y ricamente bíblica de vivir la Misa. Él mantuvo esta práctica a lo largo de su vida, y su programa nos sigue hablando a nosotros hoy. Este puede bendecir y hacer fructífera nuestra propia oración al celebrar la Misa.

Hace algún tiempo, imprimí su programa y lo puse cerca del altar donde celebro la Misa. Cada vez que miro una u otra de sus sugerencias, me ayudan a vivir la Misa desde el corazón. También te pueden ayudar.

Pero primero, ¿qué es lo que hay en nuestros corazones cuando salimos de casa para la Misa, cuando entramos en la iglesia, elegimos nuestra banca y nos alistamos para la liturgia?

"Me imagino ver a Simeón que impulsado por el Espíritu fue al Templo para la presentación y la circuncisión de Jesús." Piensa en Simeón, lleno del Espíritu, yendo al Templo para encontrarse con el Salvador que tanto tiempo había deseado, su corazón rebosaba de energía, anhelo, anticipación, sed del encuentro que sellaría el significado de su vida. Tú, cuando sales de casa y entras en la iglesia, vas a conocer al mismo Salvador.

"O imagino ver a otro santo ferviente" entrando en la iglesia para la Misa. Santa Teresa de Calcuta; Santa Gianna Beretta Molla; los padres de Santa Teresa, San Luis y Zèlie Martin; San Juan Pablo II; Santo Tomás Moro; Santa Isabel Seton; Santa Mónica... y tantos otros santos. ¿Qué veríamos si presenciáramos a ellos entrando a la iglesia para la Misa? ¿Qué sentimientos llenaron sus corazones en aquellos momentos? Fe, deseo, amor, conscientes de un privilegio bendito.

Cuando era diácono, serví en tres Misas dirigidas por San Juan Pablo II. Cada vez, lo veía orar, simplemente sumergiéndome en la presencia de él quien rezó y amó la Misa tan profundamente. La bendita imagen de como él celebró la Misa se ha quedado conmigo a través de los años.

Hoy, mañana u otro día pronto, estarás presente en Misa. ¿Qué hay en tu corazón al entrar en la Iglesia? ¿Podrías pedir la gracia de sentimientos como los de Simeón y otros santos fervientes? ¿Puedes pedir que crezcas en esto día a día, semana a semana?

33. *Cuando la Misa comienza, en el acto penitencial tendré los mismos sentimientos y el corazón del recaudador de impuestos.*

"Señor, ten piedad de mí que soy un pecador" (Lucas 18: 13). Debemos esforzarnos para tener "los sentimientos y el corazón" de este hombre, quien se para a lo lejos, con la mirada baja, mano al pecho, y repite estas palabras. Cuando digas las palabras, "Yo confieso ante Dios todopoderoso" y "Señor, ten piedad," ¿puedes pedir la misma humildad de reconocer tu necesidad de ser perdonado por medio de la misericordia de Dios? Este hombre "volvió a casa justificado" (Lucas 18:14).

34. *En el Gloria los sentimientos de los ángeles...*

Cuando nació el Salvador, los ángeles exultan de alegría y cantan las alabanzas de Dios: "Gloria a Dios en las alturas" (Lucas 2:14). Cuando rezas el Gloria en la Misa, pide un corazón movido a alabar a Dios, para expresar alegremente, con agradecimiento, tu reconocimiento de su amor salvador.

35. *...en la Oración Colecta de un embajador de la Iglesia...*

Cuando el sacerdote dice: "Oremos" y pronuncia una oración por las necesidades del pueblo, pide aquí por un corazón que se una al del sacerdote en oración, un corazón que suplica por gracias para tanta gente, por crecimiento en la fe y la santidad, por tantas necesidades.

36. *...en las Lecturas y el Evangelio los de un discípulo...*

"Cuando se sentó, sus discípulos vinieron a él. Y abriendo su boca, les enseñó" (Mateo 5:1–2). "La gente presionaba sobre él para escuchar la palabra de Dios" (Lucas 5:1). "Toda la gente dependía de sus palabras" (Lucas 19: 48). "Tú tienes palabras de vida eterna" (Juan 6:68). "¡Ningún hombre jamás ha hablado como este hombre!" (Juan 7:46).

Cuando se proclaman las Lecturas y el Evangelio, escucha como estos discípulos. Pide por un corazón abierto, receptivo, libre de distracciones y atento, uno que permita que la palabra de Dios penetre, nutra y transforme.

"Cuando las Sagradas Escrituras se leen en la Iglesia, Dios mismo habla a su pueblo, y Cristo, presente en su palabra, proclama el Evangelio" (*Instrucción general del misal romano*, 29). El Venerable

Bruno te invita a vivir esta verdad en la Misa. Cuando las Escrituras son leídas, ten en cuenta que Dios nos está hablando a nosotros, a ti; que Jesús nos está hablando a nosotros, a ti. Pide por un corazón de discípulo, de ser tierra fértil en la cual la Palabra pueda dar fruto (Mateo 13:8-23).

37. *...en el Credo los de los mártires...*

Pide la gracia de decir el Credo, la Profesión de Fe—"Creo en un solo Dios...en un solo Señor Jesucristo"—con el corazón de un mártir, listo para dar tu vida si es necesario por esta fe, por esta verdad.

San Justino Mártir y sus compañeros se pararon ante el prefecto Romano Rusticus, quien les ordenó ofrecer sacrificio a los dioses. Delante de todos, Justino proclamó su fe en Cristo y se negó a hacer lo que le ordenó el funcionario: "El prefecto Rústico dijo: 'Si no haces lo que se te ordena, serás torturado sin piedad.' Justino dijo: 'Esperamos sufrir tormentos por el bien de nuestro Señor Jesucristo, así seremos salvados'" (*Liturgia de las horas*, 3, 1448-1449). Su martirio siguió. Pide la gracia de proclamar el Credo con el corazón de un mártir.

38. *...en el ofertorio los de Melquisedec...*

Melquisedec ofreció pan y vino (Génesis 14:18) y es visto como un prefigura de Cristo en el Antiguo Testamento (Heb. 7), quien se ofrece a sí mismo en forma de pan y vino. La Carta a los Hebreos dice de Cristo: "Tú eres sacerdote eterno según el rito de Melquisedec" (Heb. 7:17).

Tú también eres sacerdote. En tu bautismo, te dieron a compartir el sacerdocio de los fieles:

> Los bautizados, en efecto, son consagrados por la regeneración y la unción del Espíritu Santo como casa espiritual y sacerdocio santo, para que, por medio de toda obra del hombre cristiano, ofrezcan sacrificios espirituales y anuncien el poder de Aquel

> que los llamó de las tinieblas a su admirable luz. Por ello todos los discípulos de Cristo, perseverando en la oración y alabando juntos a Dios, ofrézcanse a sí mismos como hostia viva, santa y grata a Dios... (Vaticano II, *Constitución sobre la Iglesia*, 10)

En el ofertorio, cuando las ofrendas y el altar son preparados, pide un corazón que se ofrece a Dios, en unión con la ofrenda de Cristo, la "hostia viva, santa y grata a Dios" de toda tu vida con sus alegrías y tristezas, sus responsabilidades y tareas—todo lo eres y todo lo que haces.

39. ...en el Prefacio los de los bienaventurados en el Cielo...

> Después de esto tuve una visión y he aquí una gran multitud, la cual nadie podía contar, de todas naciones y tribus y pueblos y lenguas, que estaban delante del trono y en la presencia del Cordero, vestidos de ropas blancas, y con palmas en las manos; y clamaban a gran voz, diciendo: La salvación pertenece a nuestro Dios que está sentado en el trono, y al Cordero. Y todos los ángeles estaban en pie alrededor del trono, y de los ancianos y de los cuatro seres vivientes; y se postraron sobre sus rostros delante del trono, y adoraron a Dios, diciendo: Amén. La bendición y la gloria y la sabiduría y la acción de gracias y la honra y el poder y la fortaleza, sean a nuestro Dios por los siglos de los siglos. Amén (Ap. 7:9-12).

En el Prefacio de la Misa, rezamos: "y así con los Ángeles y los Arcángeles, con los Tronos y las Dominaciones, y con todas las Potestades del cielo, cantamos sin cesar el himno de tu Gloria... 'Santo, Santo Santo...'"

Cuando ores estas palabras, pide un corazón como el de los Bienaventurados en el cielo, un corazón lleno de adoración y alabanza a Dios que tanto te ama y que está presente en ti.

40. ...en la Consagración los de Cristo...

En este momento sublime de la Misa, busca un corazón como el de Cristo en su propia ofrenda: "Este es mi cuerpo...Esta es mi sangre de la alianza nueva y eterna, que será derramada en nombre de muchos para el perdón de pecados" (Mateo 26: 26–28).

Busca un corazón como el de Cristo en su entrega por su pueblo: "Yo soy el buen pastor. Un buen pastor da su vida por las ovejas" (Juan 10:11). "Él amaba a los suyos en el mundo y los amó hasta el final"(Juan 13:1). "Se anonadó, tomando la forma de esclavo" (Fil. 2:7). "Padre, si es posible, aparta de mí este cáliz de amargura; sin embargo, que no se haga mi voluntad sino la tuya" (Mateo 26:39).

Deja que tu corazón se calme. Deja que llegue al punto más profundo. Déjalo ser consciente de la ofrenda de Jesús. Deja que se una con Jesús, ofreciendo junto con Él tu propio ser, tu propia vida, al Padre.

41. ...en el Padre Nuestro los de quien pide por lo que necesita...

Aquí hay alguien que está en necesidad y que pide ayuda, que no tiene otro recurso que no sea simplemente rogar, quien extiende su mano, quien silenciosamente espera la bondad del que está delante de él.

Mientras oras el Padre Nuestro, pide un corazón que busque, suplique y ruegue por lo que necesita, conociendo el amor del Padre a quien es dirigida esta oración: "Padre nuestro...Danos hoy...perdona... no nos dejes...líbranos."

42. ...en el Cordero de Dios los de quien se siente culpable y está en necesidad de perdón.

Las palabras que usa el Venerable Bruno describen a alguien que es culpable de transgresiones, es acusado y es llevado a juicio. Una y otra vez esta persona se levanta con una sincera súplica por piedad y perdón.

En este punto de la Misa, hacemos lo mismo: "Cordero de Dios... ten piedad," "Cordero de Dios...ten piedad," "Cordero de Dios... danos la paz." Pide un corazón humilde, un corazón que suplique por infinita misericordia al Cordero de Dios cuyo único deseo es derramar esa misericordia sobre ti.

Este es el Cordero de Dios que quita los pecados del mundo, quien borra *nuestros* pecados.

43. ...en la comunión los del enamorado...

La sierva de Dios, Elisabeth Leseur describe la recepción de Comunión en una ocasión:

> Fui a comulgar en la capilla del Santísimo Sacramento. Fueron momentos de completa y sobrenatural alegría. Sentí en mí la presencia viva del bendito Cristo, de Dios mismo, trayendo un amor inefable; esta Alma incomparable habló con la mía, y toda la ternura infinita del Salvador pasó dentro de mí por un instante. Este rastro divino nunca se desvanecerá. El Cristo triunfante, la Palabra eterna, el que como hombre ha sufrido y amado, el Dios viviente, tomó posesión de mi alma por toda la eternidad en ese momento inolvidable. Me sentí renovada hasta mi más íntima profundidad por Él, lista para una vida nueva, para el deber, para el trabajo destinado por su Providencia. Me entregué sin reservas y le di mi futuro. (*My Spirit Rejoices* [Mi espíritu regocija], 73–74)

"En la comunión los del enamorado." Cuando recibes la Comunión, cuando te acercas al altar, mientras recibes, cuando regresas a tu asiento, cuando haces tu acción de gracias—pide el corazón de un enamorado.

Ahora todos los comentarios deben de ser silenciados y retirados. Tú estás solo con el que te ama.

44. *...en el "Pueden ir en paz, la misa ha terminado" los de un apóstol.*

Eres un apóstol—la palabra significa "el que es enviado"—enviado a tu familia, tu lugar de trabajo, las personas en tu vida, el mundo, para traer la gracia, la bendición, la luz, los frutos de la Misa que acaban de concluir. Mientras te levantas, sales de la iglesia, caminas hacia tu auto, y manejas a tu casa, hazlo a conciencia de esto en tu corazón, con esta disposición. Lleva la gracia de la Misa contigo y tráela a un mundo que lo necesita desesperadamente.

"Por lo tanto, vayan, y hagan discípulos a todas las naciones" (Mateo 28:19).

45. *Marcharé desde el altar como si respirara fuego.*

Este es el deseo y oración del Venerable Bruno. Puede ser tuyo también.

Cuando puedas, vuelve a su propuesta en cada una de las partes de la Misa. Mira a una u otra de vez en cuando. Con simplicidad, intenta vivirlas. Busca la gracia de un crecimiento tranquilo en estos sentimientos a través de los días, semanas y años. Si lo haces, la Misa será cada vez más la "fuente y cumbre" de tu vida espiritual. Y tu esperanza, tu consuelo, crecerán.

46. *Me alegro, y agradezco al Señor de todo corazón que pudiste hacer tu retiro espiritual sin distracciones exteriores y en paz, ya que esta es una gran gracia del buen Dios. Apruebo fuertemente tus tres resoluciones: 1. La pureza de intención te unirá aún más a Dios y también te ahorrará muchas penas que normalmente provienen de buscarse a si mismo y no a Dios; 2. Una tenacidad santa, en segundo lugar, en nunca omitir ni siquiera un poco de tu oración diaria y tus otras prácticas espirituales las cuales desanimarán al enemigo de aumentar la dificultad de hacerlas,*

con el propósito de llevarte a omitir algunas de ellas; 3. La decisión de siempre comenzar de nuevo cerrará la puerta al desánimo, y te liberará de la indiferencia y de las faltas pasadas.

Busca agradar a Dios, darle alegría a Dios, en tus acciones diarias. Esta "pureza de intención" te acercará a Dios a lo largo del día y te ahorrará muchas penas.

"Una tenacidad santa." Una vez más, el Venerable Bruno te alienta a elegir prácticas nutritivas de oración, fijar suficiente tiempo para ellas, y luego ser tenaz—inspirado por una seguridad divina—en mantenerlas. "Debemos orar siempre y no desanimarnos" (Lucas 18:1).

"La decisión de siempre comenzar de nuevo" será tu remedio contra cualquier desánimo. ¿Estás desanimado hoy? ¿Ahora?

¡Empieza de nuevo! ¡Ahora! Esto "cerrará la puerta al desánimo."

47. *Te agradezco de corazón por los buenos deseos para este año que le has expresado al Señor en mi nombre. No he fallado en hacer lo mismo por ti en el altar. Por lo demás, no te permitas desanimarte ni siquiera un poco. Asegúrate de que tus propuestas con respecto a tus prácticas espirituales sean efectivas y te obtengan muchas gracias en este año. Soporta la carga solo de ver los defectos de tu alma, pero en lugar de decepcionarte, busca siempre animar tu alma a comenzar de nuevo, pero gentilmente, como San Francisco de Sales prescribió para ti, quien le encantaba vernos practicar la gentileza no solo hacia los demás sino también hacia nosotros mismos.*

Una y otra vez, no te dejes desanimar "ni siquiera un poco." No aceptes ni siquiera un poco esa pequeña molestia, persistente duda, que no detiene tu servicio a Dios, pero si lo obstaculiza, lo hace pesado. Y asegúrate de que tus esfuerzos por crecer espiritualmente "sean efectiv[o]s y te obtengan muchas gracias."

Sí, cuando veas tus defectos,—tu impaciencia, tus fallas en escuchar y ayudar, las limitaciones de tu oración—sentirás la carga de ellos, pero no te decepciones ni te desanimes. Más bien, "busca siempre animar tu alma a comenzar," pero suave, con gentileza no solo hacia los demás sino también hacia ti mismo.

¿Eres gentil contigo mismo? Si eres gentil con los demás cuando fallan y se desaniman, si eres una presencia que los alienta en esos momentos, ¿podrás ser así también contigo mismo? "Aprende de mí; porque soy manso y humilde de corazón" (Mateo 11:29).

San Francisco de Sales escribe: "Créeme, hija mía, como un padre siente ternura y cariño por su hijo más que la ira y la severidad, así que cuando juzgamos nuestro culpable corazón, si lo tratamos con delicadeza, más bien con un espíritu de piedad que con uno de ira, animándolo a la enmienda, su arrepentimiento será mucho más profundo y más duradero que si se agitara con vehemencia e ira" (*Introducción a la vida devota*, III, 9).

48. *Iré a la Confesión y recibiré la Comunión cada ocho días como lo he hecho durante muchos años. Estos sacramentos son los canales que Dios ha establecido para comunicarme sus gracias y su luz. Por lo tanto, mi perseverancia depende de la práctica fiel de ellos. Cuando me acerco a estos sacramentos, le pido insistentemente a mi Señor la ayuda que necesito para cumplir con las obligaciones de mi estado de vida.*

Estas palabras se encuentran en el programa espiritual de una mujer casada. Confesión y Comunión: "Estos sacramentos son los canales que Dios ha establecido para comunicarme sus gracias y su luz." En los tiempos del Venerable Bruno, cuando la Comunión se podía recibir una vez al año, su consejo audaz era: Ve a Misa y recibe la Comunión lo más frecuente que puedas.

Agrega la Confesión regular de acuerdo con tu ritmo y a tus necesidades. Con los años, he visto la diferencia entre Confesión infrecuente y Confesión regular. En el primer caso, se recibe la gracia, pero la infrecuencia no permite que una Confesión se construya sobre la otras. En el segundo caso, la gracia se acumula sobre la gracia y sobre resultados continuos de progreso.

Cinco beneficios se derivan de esta práctica: "La Confesión regular de nuestros pecados veniales nos ayuda a formar nuestra conciencia, a luchar contra las malas inclinaciones, dejarnos sanar por Cristo y a progresar en la vida del Espíritu. Cuando se recibe con frecuencia, mediante este sacramento, el don de la misericordia del Padre, el creyente se ve impulsado a ser también misericordioso" (*Catecismo de la Iglesia Católica*, 1458). Formación espiritual. Ayuda en la lucha contra las inclinaciones del mal. Sanación por Cristo. Progreso en el Espíritu. Crecimiento en la misericordia hacia los demás. ¿Quién no querría poseer estos beneficios?

¿Es la Confesión regular parte de tu vida? ¿Podría serlo?

Confesión y Comunión. Estos dos sacramentos son los canales de la gracia y la luz de Dios para nosotros. Si te quedas cerca de ellos, encontrarás la ayuda que necesitas para cumplir con las responsabilidades de tu estado de vida—matrimonio, paternidad, trabajo en el mundo, la condición de ser soltero, sacerdocio, vida religiosa. ¿No crees que necesitas esta ayuda?

> 49. *Seré fiel en hacer quince minutos de meditación cada día y quince minutos de lectura espiritual y de examen de conciencia en las noches. También atenderé Misa si puedo. Es muy correcto que le dé una hora del día a Dios cuando las obligaciones de mi estado de vida me lo permitan.*

Más palabras de consejo espiritual para una mujer casada.

¿Podrías en tu vocación hacer esto? ¿Podrían las "obligaciones de tu estado de vida"—tus deberes, tus responsabilidades en la familia, en el trabajo, el servicio a los demás—permitirlo? Quince minutos de meditación al día. Quince minutos de lectura espiritual. La oración de examen en la noche. La Misa diaria cuando sea posible.

¿Tus deberes te permiten una hora al día para orar de esta manera? "El primer escenario esencial para aprender a tener esperanza es la oración" (Benedicto XVI).

> 50. *Debido a esto, nunca puedo recomendarte lo suficiente la meditación diaria de las santas verdades de nuestra religión, hecha con compromiso real, con el corazón, y continuada con una tenacidad santa, y siempre, lo más que se pueda, a una hora fija en el día. Será más fácil mantener esta práctica si tú también haces lectura espiritual todos los días con una reflexión calmada y con libros espirituales bien escogidos.*

Este consejo fue dado a un laico casado. De nuevo, meditación diaria "hecha con un verdadero compromiso, con el corazón, y continuada con una *tenacidad santa*."

El Venerable Bruno ofrece consejos prácticos que harán que este compromiso sea más fácil: "siempre, lo más que se pueda, a una hora fija en el día." ¿Al levantarse? ¿Antes o después de la Misa? ¿En tu hora de almuerzo? ¿Después del trabajo? ¿Justo antes de retirarte? ¿Durante el viaje en el tren o el metro? Encuentra un momento que funcione para ti y trata de ser fiel a este.

Otra ayuda para hacer esto es: "Será más fácil mantener esta práctica si tú también haces lectura espiritual todos los días con una reflexión calmada y con libros espirituales bien escogidos."

> 51. *Propongo nunca omitir mi meditación y siempre hacerlo con método y fidelidad.*

Estas son palabras de las notas espirituales personales del joven Bruno. Meditación sin falta. Y hecho con dos cosas: método y fidelidad. De nuevo el mismo consejo: hacer propuestas realistas y sostenibles sobre tu programa de oración (método), y luego ser fiel (fidelidad).

52. *Método para la lectura espiritual: después de elegir un libro y después de haber elegido el tiempo para esta lectura, comienzo la lectura elevando mi corazón a Dios, confiando en que Dios mismo nos habla a través del libro; que es una carta que nos envía desde su morada celestial. Pídele un corazón atento y dócil, y la gracia de comprender bien estas verdades para sacar provecho espiritual de ellas. Luego, lee con atención y sin apuro, deteniéndote en esas verdades que hablan más a nuestras necesidades actuales y volviendo de vez en cuando a nuestro propio corazón y al Dios que nos está hablando. Nunca termines la lectura sin alguna resolución santa.*

Para tus lecturas o audios espirituales (libro, podcast, video), elige el material y el tiempo para ello.

Ahora vuelve a leer atentamente las palabras del Venerable Bruno acerca de cómo realizar esta lectura (o audio o video). ¿Cómo puedes empezar? ¿Cómo puedes leer u oír u observar?

¿Cómo puedes finalizar? Un corazón elevado a Dios, con confianza, atención, docilidad, sin prisa, con pausas, volviendo de vez en cuando al corazón, recordando identificar que fruto tomar de cada lectura. ¿Puedes hacer esto? ¿Crecer en esto día a día? ¿Qué pasará si lo haces?

53. *Cada día un capítulo del Evangelio de Jesucristo para leer, y comprar una pequeña edición del Nuevo Testamento para mí. Un gran medio, fácil y poderoso para resistir la tentación, es usar la Palabra de Dios, que es tan sagrada, eficaz, y poderosa, como vemos en el ejemplo de Jesucristo.*

Otra práctica personal del joven Bruno que nos puede bendecir hoy. Lee un capítulo de los Evangelios cada día, y ten una pequeña copia (impresa o digital) de los Evangelios siempre contigo. Esto, el Venerable Bruno nos dice, es "un gran medio, fácil y poderoso para resistir la tentación" y para crecer en el amor de Jesús. Esta Palabra es "sagrada," "eficaz," y "poderosa"—la Palabra que Jesús utilizó para superar la tentación (Mateo 4:1-11).

"La fuerza y el poder en la Palabra de Dios es tan grande que funciona como el soporte y la energía de la Iglesia, la fuerza de la fe para sus hijos, el alimento del alma, la fuente eterna y pura de la vida espiritual" (Vaticano II, *Constitución sobre la divina revelación*, 21). "La fuerza de la fe para sus hijos," "el alimento del alma," la "fuente eterna y pura de la vida espiritual"—tres riquezas espirituales que todos necesitamos.

La Iglesia, por lo tanto, "urge seria y especialmente de todos los fieles Cristianos...aprender por medio de la lectura frecuente de las divinas escrituras la 'excelente sabiduría de Jesucristo' (ver Phil. 3:8)" (Vaticano II, Constitución sobre la divina revelación, 25).

> 54. *Leeré a Sta. Teresa, continuando con esta lectura hasta que haya leído todos sus trabajos. También tendré conmigo La Imitación de Cristo o El Combate Espiritual, para poder leerlos en tiempos libres o cuando sienta la necesidad.*

Otra propuesta espiritual del joven Bruno. Años atrás, dándome cuenta de que no puedo leer todas las escrituras espirituales disponibles, tomé la decisión de enfocarme en los clásicos: San Agustín, Santa Teresa de Ávila, San Juan de la Cruz, Santa Teresa del Niño Jesús, San Francisco de Sales, San Buenaventura, Santa Catalina de Siena, San John Henry Newman, Hermano Lawrence de la Resurrección, y otros. Fue una de las mejores decisiones que he tomado, y siento los frutos de ella continuamente.

Aquí el joven Bruno toma esa decisión—¡décadas más temprano en su vida que yo! Como he leído sus escritos a lo largo de los años, he visto cuan familiar se hizo con los textos más valiosos de nuestra tradición espiritual.

Él se enfocó en *La Imitación de Cristo*, "el libro más querido por los Cristianos después de la Biblia" (Padre Rainero Cantalamessa,

O.F.M. Cap.), y *El Combate Espiritual* de Lorenzo Scupoli, otro clásico estimado de nuestra tradición. Bruno siempre deseó tener fuentes sólidas de nutrición espiritual con él, disponible en caso de necesidad o simplemente para enriquecer sus tiempos libres.

¿Has leído los escritos de los santos? ¿Tienes alimento espiritual a mano cuando lo necesitas? ¿En tiempos difíciles, de tentación? ¿Cuando simplemente deseas estar y profundizar tu relación con Dios? Abundan las listas de tales lecturas, y simplemente con buscar en la web aparecerán muchas de ellas. Encuentra esos libros que más te nutren espiritualmente, y léelos.

> 55. *Los Ejercicios Espirituales de San Ignacio son, en general, el instrumento más poderoso de la gracia divina para la reforma del mundo universal, y en particular, un método seguro por el cual todos pueden convertirse en un santo, un gran santo, y rápidamente.*

¿Alguna vez haces un retiro espiritual? ¿Sería posible alejarte por un fin de semana una vez al año? ¿Incluso por un día o parte de un día? ¿Tu parroquia organiza tales momentos para la oración?

¿Hay alguna casa de retiro a poca distancia tuya? Los retiros pueden ser ocasiones poderosas para el ánimo y la renovación.

El Venerable Bruno amó especialmente los Ejercicios Espirituales de San Ignacio; él consideraba el retiro Ignaciano como "el instrumento más poderoso de la gracia divina" para la renovación de la palabra, "un método seguro por el cual todos pueden convertirse en un santo, un gran santo, y rápidamente." Solo necesitamos perseverar después del retiro. Los Ejercicios Espirituales pueden adaptarse a todas las situaciones de la vida: un fin de semana, unos pocos días, o varios más en una casa de retiro; una hora de oración diaria en casa durante varios meses; una misión parroquial.

¿Has considerado alguna vez un retiro Ignaciano? Recuerdo que cuando terminé mi propio retiro Ignaciano, me dije a mi mismo,

"Alguien finalmente me ha enseñado cómo rezar." La bendición de ese retiro, después de cuarenta años, permanece conmigo constantemente. Gracias a esos retiros que he dirigido, he sido testigo de la verdad de lo que el Venerable Bruno afirma, que de hecho sí son "el instrumento más poderoso de la gracia divina" y ayudan a todo el que los hagan a "convertirse en un santo, un gran santo, y rápidamente."

> 56. *A veces me encuentro en espíritu en tu Villa en Fiesole, lamentando profundamente que no podamos estar juntos nuevamente este año como el último, porque nada en este mundo es tan valioso como la oportunidad de pasar varios días en paz ocupados solo en los asuntos que más importan en la vida: Dios, el alma y la eternidad.*

El año anterior, el Venerable Bruno había viajado a Florencia y había predicado los Ejercicios Espirituales allí. Ahora le escribe a alguien que participó en ese retiro, deseoso de hacerlo nuevamente en el año en curso, "porque nada en este mundo es tan valioso como la oportunidad de pasar varios días en paz ocupados solo en los asuntos que más importan en la vida: Dios, el alma y la eternidad." Dios. El alma. La Eternidad.

¿Alguna vez has tenido esa oportunidad? ¿Sería posible?

Capítulo Tres

VIVIR EL DÍA CON JESÚS

57. *Dios me ha puesto en este estado de vida; en este y en ningún otro debo servirle y ser salvado. Todas las circunstancias y eventos en mi estado de vida, como los diferentes carácteres de las personas con las que interactúo, todos los acontecimientos, los tiempos y los lugares en los que ocurren, revelan el orden de la Providencia por medio de la cual el Señor ha querido obrar para mi salvación. Debo adaptarme a todas estas cosas y no pensar que puedo forzarlas a adaptarse a mí. Y por lo tanto, siempre trataré de adaptarme a estas con paz y alegría de corazón, confiando en que Dios sabe mejor que yo lo que es mejor para mí.*

El Venerable Bruno le escribe a una mujer casada, alentándola en la fe para guiarla—y a todos nosotros—en nuestros respectivos estados de vida: "Dios me ha puesto en este estado de vida; en este y en ningún otro debo servirle y ser salvado." Las personas en tu vida—estas, y no otras; los lugares en tu vida—estos, y no otros: tus circunstancias de vida "revelan el orden de la Providencia por medio de la cual el Señor ha querido obrar para mi salvación."

¿Desea tu corazón santidad? ¿Estar cerca de Dios? ¿La vida eterna? Ya tienes todo lo que necesitas para progresar hacia estos. "Si tan solo yo fuera...Si solo yo tuviera...Si tan solo no fuera por..." No. Ya tienes todo lo que necesitas para amar y servir a Dios. "Debo adaptarme a todas estas cosas y no pensar que puedo forzarlas a adaptarse a mí." Abre tu corazón a tu esposo, a tu esposa, a tus hijos, a tus tareas diarias, a tu trabajo, a tu vida en la parroquia, a tu comunidad. Ama a estas personas, en estas circunstancias. "Dios me ha puesto en este estado de vida; en este y en ningún otro debo servirle y ser salvado."

Santa Edith Stein dice, "Cualquier cosa que no encajaba en mi plan sí estaba dentro del plan de Dios. Tengo la más profunda y firme creencia de que nada es un accidente cuando se ve a la luz de Dios, que toda mi vida hasta los más mínimos detalles ha sido trazada para mí en el plan de la Divina Providencia y tiene un significado completamente coherente ante los ojos de Dios que todo lo ven" (*The Journey: A Guide for the Modern Pilgrim* [*El viaje: Una guía para el peregrino moderno*], 26).

> 58. *Déjalo caminar al paso que Dios desea en todas sus prácticas espirituales, por más santas que sean, no le apresures ni le detengas el ritmo de progreso.*

Estas palabras del joven Bruno han permanecido en mi mente a través de los años. Me gustan porque me impiden—¡al menos cuando estoy espiritualmente atento!—ponerme encima una presión que Dios no quiere que cargue. No debemos "apresurarnos", tratando de hacer más e ir más rápido de lo que Dios quiere, con toda la tensión que esto implica, ni "retener," retrasar, vacilar, cuando sentimos a Dios llamarnos al siguiente paso: "Déjalo caminar al paso que Dios desea en todas sus prácticas espirituales."

Así entra una serena confianza en nuestras vidas espirituales.

> 59. *Me gustaría aprovechar la oportunidad de la partida de tu hijo de Turín para beneficio, pero no sé qué debería decir: ¿Debería alabarte por tu fidelidad a Dios? ¿Debería reprenderte? No lo sé realmente. Así que me más bien aseguraré en urgirte a comenzar cada día, dejando el pasado a la misericordia del*

> *Señor y el futuro a su Divina Providencia. Mientras tanto, considera todos los días que el buen Dios te ha confiado una misión. Con respecto a los asuntos temporales, no dejes que nada te turbe, lo mismo con respecto a tus fallas, cuidando de contrarrestarlas inmediatamente por un acto de amor a Dios. Mantente atenta en practicar las virtudes de la paciencia y la gentileza; puedes hacer un examen especial de esto por la tarde y al mediodía.*

Un joven, que está estudiando en la ciudad, está regresando a casa para visitar a su familia. Su madre está bajo la dirección espiritual del Venerable Bruno, quien se toma la oportunidad para enviarle una nota de aliento espiritual.

Sin saber cómo están las cosas con ella, el Venerable Bruno decide "asegurarse." Como podríamos esperar, él la invita a ella—y a nosotros—"a comenzar cada día, dejando el pasado a la misericordia del Señor y el futuro a su Divina Providencia."

¿Realmente puedes dejar el pasado a la misericordia de Dios? ¿Todo tu pasado? San Juan Vianney dice, "Nuestras fallas son granos de arena comparadas a la montaña de la misericordia de Dios." ¿Y puedes dejar el futuro, con todas sus incertidumbres y preocupaciones, a la Divina Providencia de Dios? San John Henry Newman dice, "No pido ver / La escena distante: un paso es suficiente para mí."

A veces, cuando me encuentro preocupado por el futuro, miro hacia atrás en mi vida. Una y otra vez, veo el patrón: cómo me preocupaban las cosas y cómo en retrospectiva, veo que Dios me mantuvo a salvo a través de todas ellas. Cuando hago esto, mi corazón se ensanchanza. Encuentro más paz y nuevas esperanzas de que Dios me llevará por encima de los desafíos que me esperan. "Deja el pasado a la misericordia del Señor y el futuro a su Divina Providencia."

Entonces, hoy. ¿Qué hay de esperarse en las horas de este día, el día en que estás leyendo esto? "Considera todos los días que el Dios bueno te ha confiado una misión." ¿Qué misión te ha confiado Dios hoy? ¿Completar estas tareas? ¿Cuidar a estos miembros de la familia? ¿Ayudar a esta persona? ¿Hacer las compras y preparar una comida?

Siento mi corazón elevarse cuando escribo estas palabras. El consejo del Venerable Bruno hace las cosas tan simples y claras. Deja el pasado a la misericordia de Dios, el futuro a su Providencia. Tienes el día de hoy. Este día tienes una misión de Dios. Busca, con paz, cumplirlo. Eso es todo lo que Dios pide. Eso es todo lo que necesitas hacer.

> 60. *Forma de llevar a cabo las acciones diarias: con respecto a la manera de llevar a cabo nuestras acciones diarias, seguimos al único que es agradable a Dios y a quien nos propuso el Padre Eterno, eso es, la imitación del propio Hijo de Dios que se convirtió en un siervo para ser el modelo de sus siervos. Entonces, en cada acción, mantenemos a Jesucristo ante nuestros ojos, tomándolo como nuestro compañero y modelo. Y buscando imitarlo de la manera más perfecta, tanto externa como internamente, junto con el ejemplo de la Santísima Virgen. De esta manera, con la intercesión de María, nos parecemos cada vez más a la imagen de Jesús, la cual debemos grabar en nuestras almas.*

Comenzaste el día con oración. Ahora estás inmerso en las mil actividades del día. Una tarea tras otra. Hay que responder los correos electrónicos. Hacer las llamadas telefónicas. Necesitas conducir para hacer un encargo. Tareas domésticas, proyectos del trabajo, inquietudes familiares, problemas financieros, citas médicas

—el día se pasa en medio de estas muchas actividades y preocupaciones. ¿Cómo las vives? ¿Cómo las manejas? ¿Hay alguna manera de vivirlas en unión con Jesús? ¿De permanecer unido con Jesús en medio de esta actividad? El Venerable Bruno aborda esta pregunta con su practicidad habitual. En esta cita y en la siguiente, traza una "forma de llevar a cabo las acciones diarias" llenas de fe.

Cuando era seminarista, nuestro maestro de novicios citó estas palabras del Venerable Bruno como uno de sus mejores regalos para nosotros, palabras que revelan el corazón de su santidad. Las cité al concluir *Begin Again* (*Comenzar de nuevo*), la biografía que escribí sobre El Venerable Bruno. Me conmovieron cuando las cité y a menudo aun lo hacen. Nuestro maestro de novicios tenía razón; estas palabras manifiestan el corazón del Venerable Bruno, y son un regalo para todos los que viven días ocupados y presionados.

Como siempre con Bruno, el enfoque es simple, práctico y rico: Solo mantente cerca de Jesús en cada acción. "En cada acción, mantenemos a Jesucristo ante nuestros ojos, tomándolo como nuestro compañero y modelo. Y buscando imitarlo de la manera más perfecta." ¿Parece encantador, pero demasiado genérico para ser de ayuda? El Venerable Bruno proporciona de inmediato, en las siguientes selecciones, una forma simple y concreta de hacer esto, de vivir cada acción con Jesús. De esta manera se involucra en cómo comenzamos cada acción, cómo la llevamos a cabo, y cómo la concluimos. Si, además, miramos el ejemplo y buscamos la intercesión de María, nos fortaleceremos en este esfuerzo.

> 61. *Y para tener más éxito en esta iniciativa, nos comprometemos siempre a comenzar la acción no impetuosamente, sino con fe, es decir, con una mirada pacífica de fe hacia Jesús, nuestro modelo. Nos revestimos con su espíritu y nos unimos a su voluntad, para actuar como Él lo hubiera hecho en circunstancias similares.*

Estás a punto de salir de casa para el trabajo. Estás comenzando un tiempo de estudio. Te estás preparando para ir de compras. Te diriges a la iglesia para una actividad. Estás comenzando a preparar la cena. O comenzar cualquier actividad significativa del día ¿Cómo comienzas esta actividad? "No impetuosamente, sino con fe"—eso significa, no irreflexivamente dejándote llevar por el curso del día, sino con fe. Más específicamente, el Venerable Bruno dice: "con una mirada pacífica de fe hacia Jesús, nuestro modelo."

Mientras sales por la puerta hacia el auto, mientras te sientas para comenzar a estudiar, mientras cruzas el estacionamiento hacia la iglesia, mientras te pones el delantal ... simplemente levanta tu mirada espiritual hacia Jesús, revístete en su espíritu y únete a su voluntad. Esto no añade tiempo a la actividad, pero hace la diferencia.

> 62. *Llevamos a cabo la acción no con indiferencia, sino con cariño, con constantes miradas pacíficas y serenamente confiadas del corazón hacia Jesús.*

Estás trabajando en el proyecto a medida que se desarrolla la mañana, estás preparando la cena, estás haciendo las compras...y, de vez en cuando, elevas tu corazón a Jesús con paz y confianza. De nuevo, todo cambia. No estás solo. Estas con Jesús.

Recuerdo haber leído la vida de Santa María de la Encarnación. Cuando ella era una niña, un día observaba a su madre y vio que mientras realizaba sus tareas diarias sus labios se movían en silencio mientras trabajaba, orando, en comunión con Dios. "Llevamos a cabo la acción...con cariño, con constantes miradas pacíficas y serenamente confiadas del corazón hacia Jesús." Mientras escribo esto, escucho nuevamente el llamado a vivir de esta manera.

> 63. *Finalizamos la acción no abruptamente sino con reflexión, es decir, con un vistazo breve para ver si la acción estuvo totalmente de acuerdo con el Corazón de Jesús o no, con objeto de agradecer a Nuestro Señor o expresar nuestro arrepentimiento. Nos proponemos a hacer esto siempre, ya sea cuestión de orar, actuar o aguantar y sufrir.*

El proyecto de la mañana está completo. Has regresado de hacer las diligencias. La cena ya está lista. Concluyes la acción "no abruptamente sino con reflexión, es decir, con un vistazo breve para ver si la acción estuvo totalmente de acuerdo con el Corazón de Jesús." Nuevamente, esto no añade tiempo a la acción, pero hace la diferencia. Con Jesús, observa brevemente la tarea. ¿Fue hecha de acuerdo con su corazón? ¿Con amor? ¿Con cuidado? ¿Con paciencia? ¿Con atención a los demás? Si es así, agradece a Jesús; si no, pide perdón.

¿Qué sucederá si, con todas nuestras limitaciones, con todo lo que recordamos y olvidamos, tratamos sinceramente de comenzar, hacer y finalizar las principales acciones del día de esta manera?

> 64. *Los frutos que surgen de esta forma de actuar—esta gracia que le pedimos a Jesús y a María sin cesar—consisten en una gran semejanza con Jesús y en la unión con Él, en la cual se encuentra toda nuestra santificación. Por este fin, constantemente, buscamos mantener nuestra memoria libre de divagaciones y fijarla tranquilamente en Jesús, nuestra mente acostumbrada a ver y juzgar todo de acuerdo con Jesús, y nuestra voluntad siempre unida pacíficamente a Jesús. En resumen, de esta manera siempre vivimos en compañía de Jesús, siempre hablamos con Jesús, siempre estamos unidos con Jesús en nuestras intenciones y en nuestras acciones, y así nos convertimos en copias vivientes de Jesús.*

Copias vivientes de Jesús. Siempre en compañía de Jesús. Siempre hablando con Jesús. Siempre unidos con Jesús en nuestras intenciones y nuestras acciones. "Oh Dios, eres mi Dios—¡a ti es a quien busco! Mi cuerpo tiene ansia de ti; mi alma tiene sed de ti" (Salmo 63:2). "Nos hiciste Señor para ti y nuestro corazón está inquieto hasta que descanse en ti" (San Agustín). "Solo Dios satisface" (Santo Tomás de Aquino).

Aquí hay una manera simple y fácil de vivir con Jesús en las acciones de todos los días, siempre con Jesús, siempre hablando con Él. ¿No intentarás esto?

65. *Así Jesús se convierte en el único tesoro de nuestros corazones. Jesús habita en nuestros corazones y nosotros vivimos en el Corazón de Jesús. ¿Hay algo más grande o alentador que esto?*

"¿Hay algo más grande o alentador que esto?" ¿Lo hay? Y puede ser tuyo. La manera, como dice el Venerable Bruno aquí, no es difícil. Solo requiere comenzar, hacer y finalizar las principales acciones diarias de la manera que él describe.

Siempre me han encantado las palabras de Jesús: "No estoy solo" (Juan 16:32). Como comenta San Pablo VI, "Si Jesús irradia tanta paz, tanta seguridad, tanta felicidad, tanta disponibilidad, es por el amor inexpresable con el cual Él sabe que es amado por su Padre" (*Sobre la alegría cristiana*, 1975, III). ¡No estar solo! ¡Saber que alguien está allí y entiende!

Un día, hace varios años, me programaron una cirugía. Me desperté temprano esa mañana consciente de que algo andaba mal. El dolor aumentó y llamé al número de emergencia que me había dado el cirujano. El médico que me atendió malinterpretó los síntomas, y los remedios que sugirió no me ayudaron. Finalmente, le pedí a uno de los sacerdotes que llamara a una ambulancia. Nunca olvidaré los minutos de espera con el peor dolor que jamás había sentido. Uno de nuestros sacerdotes estaba de pie junto a la cama, solo estaba allí, esperando conmigo, acompañándome. Su presencia significó más de lo que pudiera expresar. No estaba solo.

El Venerable Bruno nos dice gentilmente, cálidamente, insistentemente y con sabiduría práctica que no estamos solos, que podemos vivir las acciones del día con Jesús, en su compañía, hablando con Él, unidos con Él "¿Hay algo más grande o alentador que esto?"

66. *Siempre buscaremos recordar estas palabras de la Sagrada Escritura como nuestra norma: "Él no vociferará, ni gritará, ni hará oír su voz en la calle" (Isaías 42: 2); "Aprendan de mí, que soy manso*

y humilde de corazón; y encontrarán descanso para sus almas" (Mateo 11:29); "Ámense los unos a los otros con amor fraternal, respetándose y honrándose mutuamente" (Rom. 12:10).

¿Cómo interactúas con tu pareja? ¿Tus hijos? ¿Tus padres? ¿Tus colegas? ¿Otros feligreses? ¿Miembros de la comunidad?

¿Compañeros sacerdotes? Vuelve a leer cada uno de los tres pasajes bíblicos que el Venerable Bruno cita aquí. Medita sobre ellos. Ora sobre ellos. ¿Puedes, como él pide, tomarlos como tu norma?

En un sermón, Gerard Manley Hopkins dice: "De todo lo que se podría decir del carácter de Cristo, destaco un punto y te ruego que lo notes. Le encantaba alabar, le encantaba recompensar. Sabía lo que había en el hombre, conocía muy bien las fallas de los hombres y, sin embargo, fue el más cálido en sus halagos."

"Aprendan de mí."

67. *Una paz en el corazón, un espíritu alegre, un amor al prójimo, la compasión por el sufrimiento ajeno, la bondad de corazón, la paciencia, la tolerancia con los demás, de trato cercano y cálido, la aceptación de los deseos de los demás que no ofendan a Dios: es decir, ser gentiles y humildes de corazón. Este es el carácter que yo propongo tener y que le pediré continuamente al Sagrado Corazón de Jesús y de María.*

Palabras encontradas en un programa de vida espiritual que el Venerable Bruno compuso para una mujer casada. Estas palabras simplemente se aplican a la familia viviendo la auto-descripción de Jesús como los "gentiles y humildes de corazón" (Mateo 11:29).

¿Cómo sería tu matrimonio si buscaras esta característica de Jesús, a través de la intercesión de María? ¿Tu vida familiar? ¿Tu comunidad religiosa? ¿Tu rectoría y parroquia?

"Compasión por el sufrimiento ajeno, bondad de corazón, paciencia, tolerancia con los demás, de trato cercano y cálido...Este es el carácter que yo propongo tener." Y todo esto en las muchas pequeñas interacciones diarias de la vida. Puedes dar gran aliento y elevar el espíritu de los demás de esta manera.

> 68. *Me alegra saber que experimentas muchos deseos buenos y santos. Asegúrate de que no quede ninguno sin su recompensa. Si prestas atención constante y amorosamente a las inspiraciones de Dios durante todo el día, Él multiplicará estas inspiraciones, y serás recompensado por tus tiempos de sequía en tus meditaciones.*

"Atención constante y amorosamente a las inspiraciones de Dios durante todo el día." Jean Pierre de Caussade, en su *Abandono a la Divina Providencia*, escribe:

> No hay momento alguno en que Dios no se presente bajo la apariencia de alguna pena, obligación o deber. Todo lo que sucede en nosotros, alrededor de nosotros o a través de nosotros, envuelve y encubre su acción divina invisible. Muchas veces nos sorprende, y cuando reconocemos su presencia, desaparece. Pero si viésemos a través del velo, si estuviéramos más vigilantes y atentos, Dios se nos revelaría sin cesar y nosotros gozaríamos de su acción en todo lo que nos sucede. Entonces, en cada instante y circunstancia diríamos: "¡Es el Señor!" [Juan 21:7]. Y en todas las situaciones que vamos recibiendo descubriríamos un don de Dios, que las criaturas son muy débiles instrumentos, que nada nos falta, y que la solicitud continua de Dios le hace darnos todo lo que nos conviene.

¿Es cierto que siempre nos toman por sorpresa y no reconocemos la operación de Dios hasta que ya haya pasado por nosotros? ¿Qué pasaría si en la brecha entre las inspiraciones de Dios en el momento y el punto en que nos damos cuenta de lo que estaba ofreciendo disminuyera, casi desapareciera, para que pudiéramos percibir en el momento en sí—cuando, por ejemplo, una persona se acerca y pide ayuda, cuando los eventos toman un giro inesperado, cuando los planes no salen como se esperaban, y similares ocasiones—lo que Dios nos está ofreciendo y hacia dónde nos está guiando? "Pero si viésemos a través del velo, si estuviéramos más vigilantes y atentos, Dios se nos revelaría sin cesar y nosotros gozaríamos de su acción en todo lo que nos sucede."

¿Estás familiarizado con la oración de examen? ¿Podrías rezar esta oración que fomenta la atención en la acción de Dios durante el día? A medida que te vuelves más consciente de Dios continuamente trabajando en tu día, la experiencia te demostrará por qué el Venerable Bruno anima tan cálidamente a prestar "atención constante y amorosamente a las inspiraciones de Dios durante todo el día."

69. *Planificaré las actividades de mi día para poder asegurarme más de hacer la voluntad de Dios y darle gloria en todo lo que hago: no cosas diferentes, sino las mismas cosas hechas de manera diferente; no haciendo cosas simplemente por costumbre, sino por amor.*

"No cosas diferentes, sino las mismas cosas hechas de manera diferente." En la vida diaria, este suele ser nuestro camino hacia la santidad: no buscar diferentes ocupaciones, sino hacer las cosas que siempre hemos hecho de una manera diferente, más inspirada en la fe, más centrada en Cristo y más amorosa. Santa Zélie Martin, la madre de Santa Thérèse de Lisieux, llegó a la santidad heroica a través de su matrimonio, el cuidado de sus hijos y su negocio de fabricación de encajes con el cual apoyaba a su familia. Las cartas de Zélie se centran en estos asuntos aparentemente mundanos, a través de los cuales se convirtió en una santa. "No cosas diferentes, sino las mismas cosas hechas de manera diferente."

"No haciendo cosas simplemente por costumbre, sino por amor." No por costumbre, solo porque las tareas deben hacerse, sino por amor, eligiendo estas tareas, haciéndolas con el poder del amor que Dios nos ha dado. El camino del hábito al amor es genial. Pide esta gracia, búscala y deja que bendiga tu vida y te dé alegría.

70. *Te deseo todo el verdadero bien, y me consuela verte cada vez más dedicado a la gloria de Dios, ya que, en este mundo, no hay un propósito mayor que este, y ninguno más reconfortante.*

El Venerable Bruno se regocija al ver a este laico dedicado, en su vida familiar y servicio activo, a la gloria de Dios. ¿Qué entiende Bruno como "la gloria de Dios"? Dios es glorificado cuando en este mundo los corazones humanos vienen a conocerlo y amarlo, y así preparan una eternidad de bendita comunión con Él. La vida de este laico sirve para guiar a otros a Dios, y el Venerable Bruno se regocija al verlo, "ya que, en este mundo, no hay un propósito mayor que este, y ninguno más reconfortante."

Tal es también el significado más profundo de tu vida, y en esto encontrarás tu mayor consuelo: que al vivir fielmente tu vocación, a través de tu oración, a través del servicio a los demás, a través de las alegrías y las tristezas de tu vida, ayudas a los corazones humanos a conocer y amar a Dios y así entrar en la vida eterna.

San Ignacio de Loyola dice: "Dios nos creó por amor para que podamos alabar y hacer reverencia a su infinita bondad, y al dedicar nuestras vidas a su servicio, podamos entrar en una eternidad de comunión gozosa con Él" (*Principle and Foundation, a Contemporary Reading* [*Principio y fundación, una lectura contemporánea*]).

71. *¡Oh, qué grandioso es, y qué reconfortante, servir como instrumento para glorificar a Dios!*

El Venerable Bruno pone al descubierto su propio corazón, un corazón que se emociona al considerar la grandeza vivir nuestras vidas de una manera que dé gloria a Dios—que conduzca a otros hacia Dios. "¡Oh, qué grandioso es, y qué reconfortante!" Ese clamor de su corazón es un estímulo para el destinatario de esta carta y para nosotros.

> 72. *Permíteme continuar recomendándote que cuides bien tu salud, especialmente dar al menos una parte de tus quehaceres a otros, de manera que, en el transcurso de la semana, tengas algunos momentos de paz. De lo contrario, el arco que siempre es doblado por fin se quebrará. Y tenlo por seguro que la Amistad Cristiana necesita mucho de ti, así que la mayor gloria de Dios también requiere este mismo cuidado para tu salud.*

En líneas similares, Santa Teresa de Ávila escribe, "Cuida, entonces, del cuerpo por el amor de Dios, porque en muchas ocasiones el cuerpo debe servir al alma" (Vida, X, 23). Cuando vi esta frase por primera vez, me impactó, y desde entonces la recuerdo. Cuida el cuerpo, cuida la salud que Dios te ha dado. ¿Por qué? Se pueden dar muchas respuestas a esta pregunta, y muchas se dan hoy. Para Santa Teresa, la respuesta es clara: "por el amor de Dios." Ella explica, "porque en muchas ocasiones el cuerpo debe servir al alma."

A este hombre laico dedicado, cuyo servicio fue tan importante para su familia y el trabajo de la asociación de Amistad Cristiana, el Venerable Bruno también recomienda cuidar su salud, asegurar al menos tener algunos momentos de paz, de ocio genuino, en la semana. Al igual que Santa Teresa, el Venerable Bruno explica "que la mayor gloria de Dios también requiere este mismo cuidado para tu salud."

¿Ves tu salud como un regalo de Dios? ¿Como necesaria para el llamado que Dios te ha dado en los años de tu vida? ¿La cuidas sabiamente por el amor de Dios, por su mayor gloria?

Capítulo Cuatro

VIVIR LA CRUZ Y LA RESURRECCIÓN DE JESÚS

73. *Con respecto a tus batallas internas y los pensamientos vacíos que encuentres en ti, sé paciente contigo misma y permanece en paz; dale a estos poca importancia. Ten paciencia con ellos como si fueran personas ruidosas peleándose afuera en las calles. Y si encuentras el coraje para esto también, humíllate ante Dios y dale las gracias por estas cosas que te hacen humilde y comienza a hacerte más como Él. Dile: "Bueno me es haber sido humillado, para que aprenda tus estatutos" [Sal. 119:71]. Busca todo esto en tu corazón; en cuanto a tus interacciones con los demás, expresa tus razones pacíficamente y con gentileza, y no te dejes perturbar.*

Pensamientos inquietantes, pensamientos vacíos, pensamientos que te agobian—por lo tanto anhelas deshacerte de ellos, sintiéndote humillado porque parece que no logras superarlos incluso con tus mejores esfuerzos. "Sé paciente contigo misma y permanece en paz; dale a estos poca importancia."

La gente ruidosa discutiendo afuera en la calle; sus voces no son bienvenidas, pero les damos más importancia de la que se merecen.

¿Podrías incluso *agradecerle* a Dios cuando encuentres que tu corazón regresa más de lo que deseas a tales pensamientos, tales "discusiones ruidosas"? Agradécele que tus luchas con estos pesados pensamientos te ayudan a permanecer humilde y, por lo tanto, más cerca de Dios, y pídele que los use para hacerte más comprensivo y paciente con los demás. "Dile: 'Bueno me es haber sido humillado, para que aprenda tus estatutos.'"

"En cuanto a tus interacciones con los demás, expresa tus razones pacíficamente y con gentileza, y no te dejes perturbar." Estas palabras fueron escritas a una mujer viviendo en una situación difícil. En el mundo de hoy, hay tanta angustia, tanta división, tantas personas que se nos hacen incomprensibles. Expresa tu punto de vista con paz, con gentileza. Después, no dejes que tu corazón se preocupe más.

74. *No te sorprendas de tu falta de energía, apatía y aburrimiento en las cosas espirituales; esto es causado por la edad y problemas físicos. Dios no te hace exento de ellos, porque esencialmente, es Él mismo quien te procura esto, y te estaría pidiendo algo imposible. Dios solo te pide que seas paciente contigo misma, que siempre comiences con una santa tenacidad para ser fiel en tus prácticas espirituales. Es suficiente para Él que apruebes en tu corazón lo que dicen esos libros, y Él acepta esa aprobación como si hubieras expresado esos sentimientos desde el fondo de tu corazón. Por lo tanto, debes contentarte con esto también. De otro modo, no estaríamos pretendiendo complacer a Dios, sino complacernos a nosotros mismos. Por el contrario, siempre debemos procurar ante todo lo que Dios quiere en lugar de lo que queremos nosotros, para no tener esperanza en nosotros mismos sino en Dios, adherirnos solo a la santa y adorable Voluntad de Dios, y esperar solo en su infinita misericordia.*

Me encanta el realismo de estas palabras, y puedo imaginar cuán sanadoras deben haber sido para esta mujer que amaba al Señor pero sentía el peso de los años y sus cargas físicas. "No te sorprendas de tu falta de energía, apatía y aburrimiento en las cosas espirituales; esto es causado por la edad y problemas físicos." No te sorprendas ni te avergüences cuando intentes rezar, cuando te dediques a los asuntos de Dios y te encuentres sin energía para estas cosas, apático, incluso aburrido. La edad y los problemas físicos son a veces la causa. "Dios solo te pide que seas paciente contigo misma, que siempre comiences con una santa tenacidad para ser fiel en tus prácticas espirituales." Una y otra vez, sé paciente contigo mismo, sé paciente con tu humanidad. Solo comienza de nuevo. Con una santa tenacidad. Con fidelidad. Esto es todo lo que Dios pide.

¿Quieres experimentar los sentimientos que encuentras en el pasaje de las Escrituras que estás leyendo, el misterio del Rosario que estás recitando, la parte de la Liturgia de las Horas que estás rezando? ¿Y te encuentras incapaz de hacerlo? Ese deseo es suficiente para Dios. Para Dios, ese deseo sincero es preciado. "Como si hubieras expresado esos sentimientos desde el fondo de tu corazón."

Lo que finalmente importa, incluso con respecto a la edad, los problemas físicos y cómo estos afectan tu vida espiritual, es lo que Dios quiere—que es, siempre "procurar ante todo lo que Dios quiere en lugar de lo que queremos nosotros," siempre "adherirnos solo a la santa y adorable Voluntad de Dios," y siempre "esperar solo en su infinita misericordia." Esperanza. Misericordia. Nunca desánimo.

75. *Déjanos también fijar nuestra mirada de fe en el Crucifijo, y encontraremos que no solo estaba satisfecho con la posibilidad del sufrimiento, sino que realmente deseaba sufrir todo tipo de dolor en el cuerpo y en el espíritu. Porque no es la mera posibilidad de sufrimiento sino más bien el sufrimiento mismo que nos trae el mérito. Déjanos, entonces, aceptar de su mano cada ocasión de sufrimiento y de practicar virtud. Y debido a que todo está colocado para nuestra salvación, busquemos entrar en su propósito amoroso y cumplirlo lo mejor que podamos,*

> *seguros que con cada evento y con cada cruz Él da su gracia, y que cada gracia a la que nos adherimos tendrá su recompensa eterna.*

Cuando era superior provincial en mi comunidad religiosa, un año visité a nuestros sacerdotes en América Latina. Tenía que tomar decisiones que afectarían el futuro de nuestra misión allí, pero no tenía las respuestas. Un día, después del almuerzo, salí a caminar. Mientras caminaba, llegué a la catedral de esta ciudad. La catedral estaba cerrada, pero alguien me vio en la puerta y me dejó entrar. Solo en la catedral, en la tranquilidad de la tarde, caminé por el circuito interior de este enorme edificio. No mucho antes, un terremoto severo lo había deteriorado, y las señales de daño estaban en todas partes: grietas en la pintura y estatuas rotas, entre otras cosas.

Completé el recorrido y me paré frente al altar. Entonces, levanté la mirada. Sobre mí estaba la única obra de arte intacta. Suspendida del techo había una cruz grande y hermosa, salvada tal vez porque podía balancearse con los temblores. Mientras observaba, pensé en el antiguo dicho, *Stat crux, dum volvitur orbis* (Cuando todo lo demás en el mundo se sacude y pasa, la Cruz se mantiene firme). La Cruz de Cristo es la base sólida sobre la cual podemos mantenernos en pie en tiempos de sufrimiento.

"Déjanos fijar nuestra mirada de fe en el Crucifijo." ¿Tienes un crucifijo a mano? ¿En tu pared? ¿Algunas veces "fijas tu mirada" en él? Coloca un crucifijo donde puedas verlo. Con frecuencia, y especialmente en tiempos de sufrimiento, fija tu mirada de fe en el Crucifijo. Allí verás todo tipo de dolor corporal—cabeza, cara, espalda, pies, manos— y todo tipo de dolor emocional—aislamiento, abandono, traición, condena injusta, ingratitud. Donde estás, Él ha estado. Él entiende. Él comparte tu dolor contigo. "Déjanos, entonces, aceptar de su mano cada ocasión de sufrimiento y de practicar virtud."

Estas palabras fueron escritas por un hombre muy familiarizado con muchos tipos de dolor corporal y emocional: la muerte de su madre cuando tenía cuatro años, también las muertes de su padre y seis hermanos cuando tenía veinticinco, la persecución de la Iglesia, condena injusta, exilio, vista perjudicada, problemas respiratorios, una fístula en el brazo, y cargas gastrointestinales a medida que envejecía. La vida del Venerable Bruno fue descrita por un amigo como una "carrera larga y dolorosa." Larga y dolorosa. Cuando nos aconseja "fijar nuestra mirada de fe en el Crucifijo," el Venerable Bruno nos invita a compartir su propia práctica, la práctica que le permitió llevar su cruz con fe, esperanza, una paz básica y un corazón abierto a los demás.

"Debido a que todo está colocado para nuestra salvación, busquemos entrar en su propósito amoroso y cumplirlo lo mejor que podamos." Tanto el dolor corporal como el emocional. Lo mejor que podamos. Eso es todo lo que Dios pide.

Y ten por seguro que "con cada evento y con cada cruz Él da su gracia, y que cada gracia a la que nos adherimos tendrá su recompensa eterna." Dios te dará la gracia que necesitas para llevar tu cruz—tenlo por seguro. Recuerda también la recompensa eterna que te espera cuando llevas esa cruz día tras día.

76. *Todo lo que me sucederá, ya sea favorable o desfavorable, me lo prepara Dios como una ocasión de beneficio, que Él sea siempre alabado; deseo sacar provecho de esto.*

En cierto punto, cuando las cargas físicas se volvieron pesadas, fijé estas palabras en la puerta de mi habitación. Quería verlas a menudo, cada vez que entraba a mi habitación. ¡No estoy seguro de cuán plenamente las viví! Hubiera dado cualquier cosa para estar libre de problemas físicos y para que la vida reanudará su curso normal. Pero estas palabras me ayudaron a encontrar significado en las cargas, a ver en ellas "una ocasión de beneficio." Cuando finalmente escribí la biografía del Venerable Bruno, empecé uno de los capítulos con estas palabras.

"Todo lo que me sucederá." *Todo.*

¿Qué te está pidiendo Dios que cargues ahora? ¿Qué te está pasando ahora? ¿Qué es favorable? ¿Desfavorable? ¿Puedes tratar de decir, con el Venerable Bruno, que todo esto "me lo prepara Dios como una ocasión de beneficio, que Él sea siempre alabado; deseo sacar provecho de esto"?

> 77. *Ansiedades, tentaciones, aridez, pesadez de corazón, aflicciones, heridas, situaciones desagradables, ofensas, ingratitud, cruces, asuntos que no salen bien y penas de varios tipos: Esperaré todo esto, incluso de aquellos a quienes amo y a quienes he ayudado. Pero nunca los consideraré malvados ni consideraré su origen en los hombres, sino en Dios. Sé que nada puede suceder contra la voluntad de Dios. Sé que esta es la forma en que Él mismo siguió aquí en la tierra y a través de la cual condujo a los santos más cercanos a Él, incluso a su propia Madre, para glorificarla correspondientemente en el Cielo. Entonces consideraré estos como favores y oportunidades que Él me da, de modo que tendré que pedirle ayuda, para conocer mis debilidades y hacer penitencia por mis pecados. Trataré de aceptarlos, confiando en que este es el camino que Él me ha trazado, que todo está ordenado para mi bien y que mi parte es buscar beneficiarme de estas situaciones.*

El Venerable Bruno incluyó estos consejos, también, en el programa espiritual para una mujer casada. Él habla con su voz, dándole palabras para reflexionar y asimilar.

Se detalla la lista de cruces: ansiedades, aflicciones, heridas, ingratitud, penas de todo tipo. Y puede que, le dice Bruno, reciba tales problemas "incluso de aquellos a quienes am[a] y a quienes h[a] ayudado."

El venerable Bruno no ve esta realidad, sin embargo, simplemente en el nivel humano: Sé que nada puede suceder contra la voluntad de Dios. "Sé que esta es la forma en que Él mismo siguió aquí en la tierra y a través de la cual condujo a los santos más cercanos a Él, incluso a su propia Madre." Este camino conduce a una gloria correspondiente en el cielo.

"Entonces consideraré estos como favores y oportunidades que Él me da." Favores y oportunidades. Me parece que no puedo dejar pasar rápidamente estas palabras. Piden una especie de "heroísmo diario," lo que el Papa Francisco llama "la clase media de santidad" (*Apostolic Exhortation on the Call to Holiness in Today's World* [*Exhortación apostólica sobre el llamado a la santidad en el mundo de hoy*], 7), una santidad, un heroísmo, que todos pueden vivir en la vida diaria. Pienso, por ejemplo, en Santa Teresa, quien se esforzó por amar especialmente a aquellos a quienes le resultaba más difícil. El Venerable Bruno nos pide que veamos tales relaciones y tales situaciones con fe. A continuación, se presentan tres ventajas: en estas situaciones, aprendemos de nuestra necesidad de la ayuda de Dios; experimentamos nuestra debilidad, especialmente nuestra lucha por amar, y así nos volvemos más humildes, más gentiles con los demás y más comprensivos; y hacemos penitencia por nuestras propias faltas y pecados.

La conclusión de el Venerable Bruno es la siguiente: "Trataré de aceptarlos, confiando en que este es el camino que Él me ha trazado, que todo está ordenado para mi bien y que mi parte es buscar beneficiarme de estas situaciones."

78. *Mantén tus ojos en el Crucifijo, al cual debemos conformarnos o someternos, recordando mientras haces esto que Jesús Crucificado no es solo nuestro modelo sino también nuestra ayuda y nuestra recompensa.*

El Papa Francisco nos dice: "Aquí está la clave de nuestra salvación, la clave para tener paciencia en el viaje de la vida, la clave para superar nuestros desiertos: mirar el Crucifijo" (20 de marzo de 2018). Y de nuevo: "Déjanos pensar profundamente sobre el sufrimiento de Jesús, y digámosnos a nosotros mismos: Esto es por mi bien. Incluso si hubiera sido la única persona en el mundo, lo habría hecho. Lo hizo por mí. Besemos el Crucifijo y digamos: 'Por mi bien. Gracias, Jesús. Por mí'" (16 de abril de 2014).

Cuando el sufrimiento entre en tu vida, "mantén tus ojos en el Crucifijo." Allí encontrarás un modelo de perseverancia, una ayuda para tu dolor, y una recompensa por tu fidelidad. Allí, también, sabes que eres amado.

79. *Trataré a todos con gentileza, y este será el tema de mi examen particular.*

Creo que el esfuerzo por ser amable, paciente y cálido con los demás no fue fácil para el Venerable Bruno; fue un esfuerzo de toda la vida. "Examen particular" es una frase de San Ignacio. Indica un área de especial necesidad espiritual a la que se le presta especial atención en la búsqueda del crecimiento. Para el Venerable Bruno, esto era tratar a los demás con calidez, amabilidad y comprensión—con la gentileza de Jesús (Mateo 11:29).

¿Jesús también te está llamando a crecer en esto? Si no en esto, ¿en qué otra parte de la vida espiritual?

80. *Para mi examen particular sobre la gentileza, leeré en Rodríguez o en otro lugar sobre la naturaleza, las maneras, los actos, los grados, las ayudas, los obstáculos, los medios y los ejemplos de esta virtud; de vez en cuando, compararé mi respuesta a los demás con la forma en que Jesucristo responde a los que encuentra; inmediatamente al levantarme, renovaré mi propuesta para crecer en esta virtud y pediré la ayuda de Dios; me examinaré a menudo sobre esta virtud y anotaré mis fallas por escrito, incluso cuando camine por las calles; antes de acostarme, haré*

> *un examen particular sobre esto y revisaré mi progreso día tras día y semana tras semana.*

El Venerable Bruno continúa la cita anterior. Estas palabras revelan cuán diligentemente él persiguió la gentileza de Jesús. ¡Él puso todo su corazón en este esfuerzo! Un año antes de su muerte, un hombre haciendo retiro bajo la guía del Venerable Bruno le escribió a su esposa, "Por mi parte, puedo decirte que estoy muy feliz con el padre Lanteri. He pasado mucho tiempo con él. Lo encuentro gentil, persuasivo, y, sobre todo, muy considerado. Dios le da mucha luz para entender y explicar las cosas muy bien." Y en otra carta, "El superior, el padre Lanteri, es muy gentil." Los largos e incansables esfuerzos del Venerable Bruno dieron sus frutos.

Él comienza con una lectura espiritual para nutrir este esfuerzo. El "Rodríguez" que menciona es Alonso Rodríguez, S.J., y su obra clásica, *The Practice of Christian Perfection* (*La práctica de la perfección cristiana*). Aquí, el Venerable Bruno aprende sobre la naturaleza de la gentileza de Cristo, varios tipos de gentileza, diferentes actos de gentileza, grados sucesivos de esta virtud, obstáculos que la impiden, los medios para crecer en ella y ejemplos de personas que la practicaron. ¡Una puesta a tierra completa! Cada vez más, Bruno percibe el camino hacia el crecimiento en esta virtud.

Periódicamente, el Venerable Bruno comparará su forma de responder a los demás con la forma en que Jesús responde a aquellos con quienes se encuentra: la sensibilidad de Jesús a las necesidades de ellos, su capacidad de escuchar, el aliento que les da, la nueva esperanza que inspira en ellos.

Al levantarse por la mañana, el Venerable Bruno renovará su propuesta de tratar a los demás con la gentileza propia de Jesús, pidiéndole ayuda a Jesús. A lo largo del día, analizará sus interacciones y dejará por escrito cualquier falla. Antes de retirarse, examinará su día con respecto a esto. Día a día, semana a semana, el Venerable Bruno evaluará su progreso.

¿Es de sorprender que él creciera en la gentileza de Cristo, y que se convirtiera en una fuente de tanta esperanza y aliento para muchos? ¿Dónde te está llamando Dios a crecer? ¿Puedes planear concretamente, con el Señor, cómo proceder?

El ejemplo del Venerable Bruno revela que tales esfuerzos, bien organizados y dirigidos, realizados con la gracia de Dios y perseguidos fielmente a través de los años, dan más fruto de lo que podemos imaginar.

> 81. *Cuando supe de tu suegra que había fallecido tu pequeño Enrico, sentí una gran pena por lo que debes estar viviendo, porque ningún sacrificio podría ser más doloroso para ti. Tenía cualidades tan maravillosas que se ganó el amor de todos y mucho más el amor de su madre. Y así, debido a esto, tienes todas las razones para sentir su pérdida y llorar por él.*

El Venerable Bruno le escribe a una mujer que estaba guiando espiritualmente, Gabriella, esposa y madre de seis hijos. Acaba de enterarse de que el pequeño hijo de Gabriella, Enrico, ha muerto y se apresura a escribirle. Gabriella ya había perdido a dos hijos. La muerte de un tercero ahora partiría su corazón. El Venerable Bruno sabe esto y le escribe de inmediato.

Cuando comparto los escritos del Venerable Bruno, esta carta, por encima de todas, llega a los corazones de los oyentes. Una mujer cuyo hijo adolescente murió defendiendo la vida de otro escribió, "Esta carta es fácilmente el mensaje más consolador que he recibido en este camino." Debe haber significado mucho también para Gabriella, quien la guardó toda su vida. Después de su muerte, su nuera la encontró entre sus papeles.

Las palabras citadas aquí dan las primeras líneas de la carta del Venerable Bruno. Antes que nada, él valida el dolor humano de Gabriella, el dolor que siente su corazón de madre. No hay recriminaciones, ni reprensiones, ni palabras en el sentido de, "Sabes que él está con Dios, y por eso no debes sentir pena, no debes llorar." El mismo Venerable Bruno siente "gran pena" y afirma que "ningún sacrificio podría ser más doloroso para ti" y que "tienes todas las razones para sentir su pérdida y llorar por él." Cuando Jesús ve a María llorar por la muerte de su hermano, Él también llora y no se avergüenza de esas lágrimas (Juan 11:33–35).

> 82. *Sin embargo, de otra manera, comparto con ustedes la alegría de que sin duda han obtenido un protector en el Cielo que no puede dejar de preocuparse por ustedes, porque él es su hijo. Y porque lo amas tan profundamente, dirige tus pensamientos a su felicidad eterna, comparte su gloria y no imagines que lo has perdido. Sería un error pensar eso, porque solo lo has perdido de vista, y no en realidad. Considera que él está a tu lado como otro ángel, que te alienta a dedicarte a las cosas del Cielo y a compartir su alegría. Que él les asegura sus esfuerzos ante el trono de la Santísima Trinidad para usted, para su padre, su hermano y sus queridas hermanas, para obtener para todos ustedes grandes y abundantes gracias para su salvación eterna.*

Venerable Bruno no se queda solo en el nivel humano. Él eleva el corazón de Gabriella ahora al nivel de la fe: "Sin embargo, de otra manera, comparto con ustedes la alegría de que sin duda han obtenido un protector en el Cielo que no puede dejar de preocuparse por ustedes, porque él es su hijo."

El vínculo entre madre e hijo permanece, le recuerda Bruno a la madre en duelo: "Y porque lo amas tan profundamente, dirige tus pensamientos a su felicidad eterna, comparte su gloria y no imagines que lo has perdido. Sería un error pensar eso, porque solo lo has perdido de vista, y no en realidad. Considera que él está a tu lado como otro ángel." Igual como tu ángel de la guarda te acompaña constantemente, así también, ahora, lo hace Enrico.

"Considera...que te alienta a dedicarte a las cosas del Cielo y a compartir su alegría. Que él les asegura sus esfuerzos ante el trono de la Santísima Trinidad para usted, para su padre, su hermano y sus queridas hermanas, para obtener para todos ustedes grandes y abundantes gracias para su salvación eterna." Está contigo; te ama; lleva ante Dios tus necesidades y las de todos tus seres queridos, intercediendo en favor de la familia.

83. *Permanece en continua y amorosa conversación con Enrico. Háblale de todo lo que vives en tu propio corazón, de todo lo que sucede en tu familia y de cualquier cosa importante para ti.*

Esta es la enseñanza de la comunión de los santos en la práctica, una comunión que es real, que se puede vivir. "Permanece en continua y amorosa *conversación* con él." Gabriella puede hablar con Enrico de su vida y de todo lo que ama, y él puede comprenderlo mejor que nunca.

84. *Cuídate de pensar que no se preocupa por ti, o que es impotente para ayudarte. Eso sería malinterpretar el inmenso amor y el poder casi infinito de que goza cada uno de los Bienaventurados, con todas las perfecciones divinas que Dios comparte con ellos en la mayor abundancia posible.*

El "poder casi infinito de que goza cada uno de los Bienaventurados." ¡Qué concepto tan bello e impactante! Pienso en estas palabras cuando pido la intercesión de mis propios padres y de otros que, confío, están con el Señor. El Venerable Bruno le asegura a Gabriella que tiene un poderoso intercesor ante Dios, uno que la ama profundamente.

85. *Y así, si antes no tenías motivos para desanimarte en el servicio de Dios, ahora los tienes mucho menos. Yo añadiría que si fuera posible que tu pequeño Enrico sintiera alguna pena ya en el Cielo, sería la de verte desanimada y triste por su causa, por tus*

propias faltas o por las dificultades que encuentras en el servicio a Dios. Este será el remedio para cualquier tristeza o falta de ánimo que puedas sentir: el pensamiento de que, con la gracia de Dios y la protección de tu pequeño Enrico, lo puedes hacer todo.

Estas últimas palabras debieron de significar mucho para Gabriella. Aquí, el llamado suave pero insistente del Venerable Bruno a resistirse al desánimo adquiere un nuevo aspecto, aplicado a una madre afligida: "Este será el remedio para cualquier tristeza o falta de ánimo que puedas sentir: el pensamiento de que, con la gracia de Dios y la protección de tu pequeño Enrico, lo puedes hacer todo."

Si la tristeza por la pérdida de un ser querido agobia tu corazón, dedica tiempo para leer la carta del Venerable Bruno a esta madre dolorida. Deja que estas verdades de fe le traigan luz y fuerza a tu corazón. Deja que los Bienaventurados del cielo te den el aliento que solo ellos pueden darte, unidos a ti, caminando contigo, compartiendo la vida contigo, en la comunión de los santos.

"He aquí que la morada de Dios está con el género humano. Él habitará con ellos y ellos serán su pueblo y Dios mismo estará siempre con ellos como su Dios. Enjugará toda lágrima de sus ojos y ya no habrá muerte, ni luto, ni llanto, ni dolor, porque el orden antiguo ha pasado" (Apocalipsis 21:3-4).

86. *Si quieres paz en esta vida, debes, en primer lugar, decidir acomodarte a las circunstancias y no exigir que las circunstancias se acomoden a ti. En segundo lugar, debes esforzarte por practicar la uniformidad de tu voluntad con la de Dios. Es Él quien lo dispone todo, lo ordena todo y permite todo lo que sucede. Basta con que busquemos y sigamos el plan de su amor paterno para nuestra vida, que es el de proporcionarnos siempre oportunidades para practicar virtudes distintas, a veces una, a veces otra, para que Él tenga algo por lo que recompensarnos.*

"Si quieres paz en esta vida," ama, reza, da y sirve en tus circunstancias actuales, sin esperar a un momento más oportuno que quizá nunca llegue. Esta es la Ley del Don de San Juan Pablo II: mientras busque la felicidad insistiendo en mi camino, mi tiempo, mis proyectos, mis planes, nunca seré feliz; pero cuando me entrego en amor y servicio a Dios y a los demás, sucede algo maravilloso—llego a ser feliz.

Beato Solanus Casey: "No reces por vidas fáciles, reza para ser personas más fuertes. No reces por tareas iguales a tus poderes, reza por poderes iguales a tus tareas. Entonces la realización de tu trabajo no será un milagro, sino que tú serás un milagro. Cada día te maravillarás de ti mismo, de la riqueza de vida que te ha llegado por la gracia de Dios" (citado por un testigo en la causa de canonización).

> 87. *He notado en tus cartas que a menudo te repliegas sobre ti misma. Procura vigilar esto y fijarte menos a menudo en ti misma, solamente sirviendo a Dios con gran sencillez. En lugar de replegarte sobre ti misma, eleva a menudo tu mirada con paz y amor a Dios, a su amable voluntad, a su adorable Providencia. Dile que, independientemente de que te vaya bien o mal, quieres ser totalmente suya, y que a Él le corresponde hacerte mejor. Deposita también en Él todas tus preocupaciones sobre tus hijos y tu marido. Cuanto más confíes en Él, mayor será su cuidado por ti.*

¿Te encuentras replegado sobre ti mismo, preocupado por tus angustias y agobiado por tus defectos? "En lugar de replegarte sobre ti misma, eleva a menudo tu mirada con paz y amor ha Dios." A menudo. Con paz. Con amor. Cuanto menos te centres en tus fracasos y más mires al Señor con paz y amor, más se elevará tu corazón, más fuerte te harás, más alegría encontrarás. Él es la fuente de todas las cosas buenas. Dile que "quieres ser totalmente suyo" y, con audacia, dile que "¡a Él le corresponde hacerte mejor!"

¿Te preocupan muchas cosas? "Deposita también en Él todas tus preocupaciones" porque "cuanto más confíes en Él, mayor será su cuidado por ti."

Es muy probable que Venerable Bruno recuerde aquí las palabras de la Escritura: "Echa sobre Él todas tus preocupaciones, porque Él te cuida" (1 Pedro 5:7). ¿Qué preocupaciones llenan hoy tu corazón? Échalas sobre el Señor con confianza.

88. *"El Paraíso lo paga todo."*

Estas fueron las palabras del Padre Nikolaus von Diessbach, un hombre santo y director espiritual del Venerable Bruno durante veinte años. El Venerable Bruno oía al Padre Diessbach repetirlas y, en sus propios sufrimientos, las citaba a menudo. De vez en cuando, pienso en esta frase. Cinco pequeñas palabras que expresan una verdad profunda y fundamental: Cuando se soportan con Jesús, nuestras penas, angustias y dolores no son sufrimientos vacíos; serán recompensados y con medida desbordante. Sí, el paraíso—una eternidad de gozo con Dios y con los que amamos en la comunión de los santos—da sentido a todas nuestras penas. El Venerable Bruno repetía estas palabras en momentos de dolor y limitación física, cuando, por ejemplo, sus dolencias le dejaban casi sin poder respirar. En tales ocasiones, el pensamiento de la vida eterna con Dios le fortalecía para perseverar. "El Paraíso lo paga todo."

89. *El jueves a las 9:00 a.m., unas palabras apresuradas. He recibido tu carta y la de mamá. Ahora tengo oportunidad de contestar, y te envío lo que ya había escrito recibí tu carta con gran emoción. Había ido a ver al Padre Lanteri para pedirle permiso para leerla. Lo encontré físicamente peor que los otros días. Él respondió: "Lee cuanto quieras, los sentimientos del corazón son agradables a Dios." Pero las lágrimas caían de sus ojos, apenas podía respirar. "La lámpara se apaga," dijo. Todo su ser estaba en paz. Mira al cielo durante sus ataques y*

pronuncia la palabra "paraíso" con tanta fe, que lo remueve todo dentro de mí...Es dulce, mi Adèle, derramar tales lágrimas. Yo derramé muchas con estas palabras.

Palabras de otra carta a la esposa del ejercitante antes citado. Un año antes de la muerte del Venerable Bruno, guio el retiro de este hombre. Cuidando de no romper la reclusión del retiro, le pregunta a Bruno si es conveniente que lea la carta de su esposa. "Él respondió: 'Lee cuanto quieras, los sentimientos del corazón son agradables a Dios.'" El amor de marido y mujer, tan grato a Dios, no distraerá del retiro.

Aquí lo mejor es ralentizar el ritmo y simplemente presenciar la paz y la fe con que el Venerable Bruno afronta su debilidad física, sabiendo que se acerca el final.

Bruno repite: "El Paraíso lo paga todo." Repite estas palabras.

Otra vez.

El pensamiento de la vida eterna eleva su corazón. "Pronuncia la palabra 'paraíso' con tanta fe, que lo remueve todo dentro de mí." Escúchale pronunciar esa palabra. Siente todo lo que significa para él—y para ti.

Si vivimos la cruz con Jesús, con Él viviremos también la resurrección.

Capítulo Cinco

VIVIR CON MARÍA

90. *Él amó a la Virgen María profundamente.*

Esta y las siguientes citas son de un párrafo escrito por el Padre Oblato Antonio Ferrero, uno de los primeros Oblatos y confesor del Venerable Bruno en sus últimos meses. Los Oblatos le habían pedido al Padre Giovanni Battista Rubino (un futuro Siervo de Dios) que predicara en una misa que se celebraría en conmemoración del Venerable Bruno treinta días después de su muerte. Padre Ferrero suministró al Padre Rubino con la información que necesitaba para su sermón. Haciendo esto, el Padre Ferrero, un testigo personal, nos dio una rica descripción de la vida y el espíritu del Venerable Bruno. En el párrafo que ahora vamos a explorar, el padre Ferrero habla de la relación de Bruno con María.

He traducido esta primera oración como: "Él amó a la Virgen María profundamente." Las palabras originales dicen: "*Era innamorato di Maria Vergine.*" En italiano, cuando una persona se enamora, se dice que es *innamorato* o *innamorata*. Más literalmente, la traducción diría: "Él estaba enamorado de la Virgen María"—es decir, la amaba profundamente, ella era el amor de su vida, ella era su "Dama," como él la describió en otro texto.

María estuvo ahí cuando Bruno perdió a su madre, Margherita, a la edad de cuatro años. Desde ese momento, María fue la presencia femenina y materna en su vida. Ella estuvo ahí al final de su vida, consolándolo de una manera especial cuando su vida terrenal llegó a su fin. Y María estuvo ahí en cada paso del camino a través de los años de la "larga y dolorosa carrera" del Venerable Bruno. Ella era la ternura, el calor y el amor que alivió sus cargas, la que le dio nuevo vigor y le infundió con esperanza.

"Él amó a la Virgen María profundamente." ¿Qué mejor podemos hacer—nosotros que también vivimos en tiempos difíciles, que también necesitamos una amorosa, tierna, y cálida presencia—que amar a María profundamente, y enamorarnos de ella?

91. Él se rodeó con imágenes de ella.

Mi madre tuvo muchos nietos. Mientras ellos iban naciendo y creciendo, ella ponía sus fotos en la puerta del refrigerador para asegurarse de verlos con frecuencia. Cuando entro en una casa y veo refrigeradores, mostradores, o escritorios que tienen fotos de seres queridos, mi corazón se ensancha. Estas personas son queridas para quienes se rodean de sus fotos y que desean verlos a menudo.

El Venerable Bruno se relacionó con María de la misma manera. Si tuvieras la oportunidad de visitar su apartamento o cualquier lugar donde él vivió, siempre encontrarías imágenes, pinturas y estatuas de María. Bruno deseaba vivir con recordatorios visuales de María para que ella nunca estuviera lejos de sus pensamientos a medida que avanzaba su día.

Varias imágenes de María son especiales para mí. Una que tengo en mi pared es Nuestra Señora de la Consolación, de su santuario en Turín, Italia. Otra que guardo en mi breviario, es una imagen de Nuestra Señora de Guadalupe. En mi computador de escritorio y como fondo de pantalla para mi teléfono, he elegido el ícono de Nuestra Señora de la Ternura. Estas imágenes me recuerdan a María todos los días, y a menudo durante el día.

¿Tienes imágenes de María a tu alrededor? ¿Podrían estas imágenes ayudarte a recordar y recurrir a su ternura y amor durante el día?

92. *Él conservó una valiosa colección de libros que hablaban de ella y leía de ellos por un par de horas cada semana.*

Si miras la estantería de libros de una persona, rápidamente percibes sus intereses. Puede ser jardinería, golf, historia, literatura, o política. Si hubieras mirado las estanterías de los libros del Venerable Bruno, tú hubieras concluido que tenía un gran interés en María. Hubieras visto libros sobre la enseñanza de la Iglesia sobre María, su lugar en la vida espiritual, la historia de la devoción Mariana, etc. Le hubieras encontrado *Las Glorias de María* de San Alfonso Liguori, la *Devoción a María* del Jesuita Jean Crasset, *La imitación de María* del Padre Alexandre Joseph De Rouville y muchos otros.

Si lees sobre un tema durante una o dos horas a la semana, semana tras semana, año tras año, ¿qué pasa? Obviamente, te vuelves más profundamente familiarizado con ese tema. Tu conocimiento de ello crece a medida que la lectura se construye sobre si misma. El tema nunca está lejos de tu conocimiento, y tu apreciación se desarrolla, y se amplifica por la alimentación constante que recibe a través de esta lectura.

¿Qué pasó, entonces, con la devoción del Venerable Bruno por María mientras leía tan consistente y devotamente sobre ella? Esa relación nunca se volvió rancia o cansona, nunca permaneció estática. Siempre estaba joven y fresca, nueva, en expansión, y viva. Cuando él acudía a María, le oraba a ella, pensaba en ella, nuevas ideas alimentaron esta relación. Se dice que solo podemos amar lo que conocemos. Así como su conocimiento sobre María creció, el amor del Venerable Bruno por ella hizo lo mismo.

Te pregunto: ¿Tú lees sobre María? ¿Escuchas podcasts sobre ella? ¿Cómo podría ser posible que profundices tu conocimiento y amor por ella? ¿Puedes elegir una forma concreta de hacer esto?

Hoy, abundan las impresiones y recursos digitales. Elige uno. Comienza.

93. *Él rezaba sus novenas.*

En sus escritos, vemos al Venerable Bruno rezar nueve días antes de la fiesta de la Asunción para prepararse para esa fiesta. Lo mismo hacía para otras fiestas Marianas también, como la de la Inmaculada Concepción.

¿Cómo celebramos la Asunción de Nuestra Señora durante esta fiesta? Ciertamente, la Misa y cualquier conmemoración que nosotros hagamos será fructífera y recibiremos más gracias por medio de ellas. Pero, ¿qué tal si nos preparamos por varias semanas, preguntándonos acerca del significado de estas fiestas y rezando para que ese día nos traiga paz, despierte en nosotros un deseo profundo por la vida eterna, y nos lleve a estar más cerca a María y así poder estar junto a Jesús? La Asunción de la Virgen María podría tener en ti un mayor y profundo impacto. Este era el deseo del Venerable Bruno: aprovechar plenamente las celebraciones Marianas del año litúrgico.

¿Crees tú que estas celebraciones podrían convertirse en gracias santificantes para ti si las practicas? ¿Hay alguna forma que te puedas prepararte para ellas? ¿Alguna forma de vivirlas a consciencia y de corazón?

94. *Él hablaba frecuentemente de ella.*

La palabra original es *frecuenteissimamente*, el superlativo del adverbio. Es la forma más fuerte de decir "muy a menudo." Esto indica que no podías estar en la compañía de Bruno por mucho tiempo sin escuchar alguna referencia a María.

Ex abundantia cordis, os loquitur. "De la abundancia del corazón habla la boca" (Mateo 12:34). Una vez viví con un hombre cuya conversación, sin importar el tema, siempre volvía al lugar donde se crió. Amaba tanto ese lugar, y estaba tan presente en su corazón que sus palabras frecuentemente regresaban allí. De la abundancia del corazón, habla la boca: hablamos muy seguido de lo que más amamos.

Por esta razón, el Venerable Bruno hablaba muy a menudo de María. Ella era tan querida para su corazón, estaba tan presente para él, *frecuenteissimamente* se perdía en María misma, muy a menudo, fácilmente, con una naturalidad sin ser forzada, porque la amaba tan profundamente que hablaba libremente de ella.

¿Tú, hablas de María alguna vez? "De la abundancia del corazón, habla la boca." Solo enamórate cada vez más de ella, y las palabras vendrán, palabras que serán bienvenidas a otros y una bendición para ti y para ellos.

> 95. *Él decía que no era suficiente simplemente inspirar en otros la devoción hacia ella, sino más bien, que era necesario conducirlos a una mayor confianza en ella.*

"A una mayor confianza." Esta confianza es de gran bendición. Varias veces en mi vida, he estado en situaciones que pensaba que eran desesperantes, sin tener ninguna solución. En esos momentos, mi corazón acude espontáneamente a María, confiado que, como dice la oración clásica, "Jamás se ha oído decir que ninguno de los que han acudido a tu cuidado y protección, implorando tu misericordia y tu auxilio, haya sido abandonado." Jamás. Yo siempre he confirmado que esta oración es verdadera.

Dos recuerdos me vienen al corazón. Una es la charla de despedida que el Monseñor Ronald Knox dio a los estudiantes de Oxford a los que sirvió como capellán. Cuando estaban a punto de salir de la universidad, les pidió que recordaran dos cosas: que cualquier cosa que pasara en sus vidas, nunca dudarían en recurrir a Jesús por misericordia y sanación; y que en cualquier problema que puedan encontrar, siempre recurrirían a María por ayuda. Ella, les dijo, nunca los decepcionaría.

Una vez estuve solo en una iglesia. Miré hacia los vitrales y me di cuenta de que cada uno representaba una advocación de María. Me interesaron y los miré todos, uno por uno. El vitral final era el de Nuestra Señora de la Esperanza. Me quedé allí contemplando el vitral, absorbiendo el significado de la imagen y la advocación. Nuestra Señora de la Esperanza. Ella nos da esperanza, y estoy seguro que puede hacerlo para ti también. Entre más recurras a María en tiempos de necesidad, más experimentarás la verdad que "jamás se ha oído decir que ninguno de los que han acudido a tu cuidado y protección, implorando tu misericordia y tu auxilio, haya sido abandonado."

96. *Él hablaba de ella como su madre, la que lo alimentó y fue su paraíso.*

Estas fueron las tres formas en las cuales el Venerable Bruno pensaba y se refería a María. Ella era su madre, la que suavizaba el dolor de la muerte de su madre terrenal cuando él tenía cuatro años de edad, la que se convirtió en la figura maternal de su vida. El Padre Ferrero testificó que un día Bruno le dijo: "Nunca he conocido a ninguna otra madre que la Virgen María, y en toda mi vida, nunca he recibido ninguna otra cosa que cariño de tan buena madre."

María, nos dice el Concilio Vaticano II, es "nuestra madre en el orden de la gracia" (*Constitución sobre la Iglesia*, 61), es decir, la presencia del amor y de la ternura que nos acompaña en todo lo que concierne a la vida espiritual: nuestra relación con Dios, nuestra oración, el diario vivir de nuestras respectivas vocaciones, nuestra esperanza de la vida eterna.

Pienso en María de esta forma: dos hijos vuelven a casa después de la escuela. En una casa, la madre está ahí; en la otra, ella se ha ido. En ambos casos, los niños juegan, estudian, comen, y hacen todo lo demás. Pero hay mucha diferencia cuando la madre está allí: hay calor, seguridad y amor. Esa es la diferencia que María hace en nuestra vida espiritual.

El Venerable Bruno pensaba de María como la que lo alimentaba y nutría. La palabra italiana usada se refiere específicamente al cuidado de un infante en el primer o segundo año de su vida, atendido y cuidado en todas sus necesidades.

Ella era "su paraíso." La que en cuya presencia todos los dolores de la vida disminuían, en cuyo amor él encontró paz y alegría.

El Hermano Oblato Pietro Gardetti, quien asistió al Venerable Bruno en sus últimas semanas, narra lo siguiente: "una noche, cuando la oscuridad caía, estábamos rezando el Rosario juntos. Él estaba sentado en su pequeña silla y yo estaba junto a él, arrodillado en el piso. Él me interrumpió y me preguntó quién era esa Señora que había venido a visitarlos. Yo le contesté que yo no había visto a ninguna Señora, porque era un área cerrada. Después, continuamos el Rosario hasta el final." Luego, el Padre Ferrero relata: "en su última enfermedad, me dijo muchas veces que él tenía una hermosa Señora con un lindo niño en sus brazos que nunca lo había dejado, pero que no diría más." Su madre, la que lo alimentó y nutrió, su paraíso.

El Venerable Bruno te invita también a volver a María con el mismo amor y confianza.

97. *Que todos aquellos en cuyas manos este documento pueda caer, sepan que yo, el firmante Pío Bruno Lanteri, se ofrece perpetuamente como esclavo de la Bienaventurada Virgen María, nuestra Señora, con un incondicional, libre, y perfecta ofrenda de mi persona y de todas mis posesiones, que ella puede disponer de ellas de acuerdo con su propio beneplácito como mi verdadera y absoluta Señora.*

El Venerable Bruno hizo su acto de consagración a María a la edad de veintidós años, ya que su ordenación se acercaba. Él conservó esta página escrita a puño y letra toda su vida viviendo la consagración que esta expresa. Su texto significa mucho para mí ya que lo usé treinta y ocho años atrás para hacer una consagración similar. ¡Estoy más que seguro que no la he vivido tan ricamente como lo hizo el Venerable Bruno! Pero mantiene un lugar cálido en mi vida espiritual y sigue siendo una fuente de gracia para mí. Aún conservo la página en la cual escribí este texto en mi breviario, y la estoy mirando mientras escribo este libro.

En un cierto punto de nuestras vidas, nos podemos consagrar a Jesús por medio de María. Mientras los años pasan, puede ser que no recordemos que lo hemos hecho. De vez en cuando lo hacemos. Pero María nunca olvida, y la relación que hemos establecido con ella se fortalece por medio de esta consagración la cual continúa bendiciéndonos.

¿Qué lugar tiene para ti la consagración a María en tu vida? ¿Qué lugar podría tener?

98. *Deseo tener un amor tierno por la Virgen María, y una confianza en ella como un hijo a su madre, a tal grado que me parezca imposible que ella pudiera permitir que yo fuera vencido o que yo perdiera la batalla; recurriré a ella, por lo tanto, como los polluelos encuentran refugio bajo las alas de su madre cuando estos escuchan el graznido del gavilán; y después de un acto de amor a Dios, podré decir:* Monstra te esse matrem, Sub tuum praesidium, Maria mater gratiae, *etc., y lo haré con la confianza que un niño tiene en su madre, pidiéndole a ella lo que necesita con gran certeza, como si ella se lo fuera a conceder incuestionablemente, y recurriendo a ella en todos sus problemas, causando que la madre se vea obligada a venir a su amparo, y sacando de ella un motivo para amar a su hijo aún más profundamente. Y si las madres terrenas, que a veces no son buenas, no rechazan los pedidos de sus hijos, ¿qué se podría decir entonces de la Madre de Dios?*

Estas son las palabras personales de Bruno en su programa espiritual compuesto antes de ser ordenado y conservado durante toda su vida. Él deseaba tener "un amor tierno por la Virgen María, y una confianza en ella como un hijo a su madre." Él, y nosotros, podemos recurrir a ella en cualquier peligro. El texto latino que el

Venerable Bruno cita son oraciones clásicas conocidas, oraciones hermosas y amadas por los siglos: Salve Estrella del Mar; Bajo tu amparo nos acogemos; María, Madre de Gracia.

"Deseo tener un amor tierno por la Virgen María." Que Dios nos conceda a todos ese deseo y esa realidad.

Capitulo Seis

VIVIR CON VALOR

99. *Por lo tanto, sé valiente. Alegra tu corazón, entrégate a Dios tan plenamente como puedas, destierra todas tus dudas, y dile a Dios que nunca quieres hacer conscientemente nada que le desagrade. Y por lo demás, no te preocupes. Dios está contigo y te ayudará y no te dejará caer.*

"Sé valiente." Aquí el Venerable Bruno recalca la virtud de la fortaleza, una de las cuatro virtudes cardinales. El *Catecismo de la Iglesia Católica* lo describe como "la virtud moral que asegura en las dificultades la firmeza y la constancia en la búsqueda del bien." La fortaleza nos ayuda, el *Catecismo* continua, a "reafirmar la resolución de resistir a las tentaciones y de superar los obstáculos en la vida moral...Hace capaz de vencer el temor...y de hacer frente a las pruebas y a las persecuciones" (1808). El don del Espíritu Santo que tiene el mismo nombre, el don de la fortaleza, nos capacita para hacer todo esto con energía y mayor facilidad. Podemos pensar en santos como Santo Tomás Moro, más recientemente Santa Edith Stein y San Maximiliano Kolbe, y muchos más, conocidos y desconocidos. La virtud y el don de la fortaleza les dieron la fuerza para seguir fielmente al Señor cuando se necesitaba valor. La fortaleza también fue evidente en la vida del Venerable Bruno, especialmente en su constancia en los momentos difíciles. Esta virtud y este don también son tuyos, derramados en tu corazón en tu bautismo y confirmación.

"¡Por lo tanto, sé valiente!" Venerable Bruno dice estas palabras a ti hoy—tú quien, como él, vive en tiempos difíciles. Además, dice, "Alegra tu corazón, entrégate a Dios tan plenamente como puedas, destierra todas tus dudas, y dile a Dios que nunca quieres hacer conscientemente nada que le desagrade." Y entonces, "Por lo demás, no te preocupes. Dios está contigo y te ayudará y no te dejará caer."

> 100. *Persiste en renovar constantemente, incluso cada día y varias veces cada día, tus propósitos, aunque sean siempre los mismos y aunque los cumplas muy mal, porque así excluirás al menos la voluntad de continuar en tus fracasos; es precisamente esto lo que el Señor desea de ti y en lo que consiste la santidad de la que somos capaces en esta vida. Esta santidad no consiste en no fracasar más, sino en no preservar la voluntad de fracasar. Al contrario, esta persistencia en empezar siempre de nuevo contiene algo de heroísmo.*

Esto fue escrito a una mujer que amaba al Señor, quien vivía en una situación difícil, y que estaba desanimada. ¡Venerable Bruno nunca cesa de llamarnos a salir del desaliento! Persiste, continúa, no te rindas, no cedas. Y aunque tus esfuerzos parezcan pobres, este rechazo a rendirte, esta voluntad de persistir, es todo lo que Dios te pide: "Es precisamente esto lo que el Señor desea de ti y en lo que consiste la santidad de la que somos capaces en esta vida."

"Esta santidad no consiste en no fracasar más, sino en no preservar la voluntad de fracasar." Cederás a la impaciencia, a la falta de caridad, y a otros defectos. Pero esto no impide tu búsqueda de la santidad. Solo empieza de nuevo cada vez, y estarás seguramente en el sendero a la santidad.

"Al contrario, esta persistencia en empezar siempre de nuevo contiene algo de heroísmo." *Algo de heroísmo.* Venerable Bruno invierte nuestra comprensión del desaliento: lo que parecía el final del progreso en la vida espiritual—el ciclo de fracasar y volver a empezar—es en realidad un paso heroico hacia la santidad. Este heroísmo está al alcance de todos.

101. *Concretamente, pues, ten siempre muy claro que fracasarás muchas veces al día, pero, a pesar de ello, sé constante en levantarte inmediatamente cada vez, y así practicarás la humildad y la firme confianza en Dios, virtudes que necesitamos para avanzar mucho en el servicio a Dios. Persevera en tu compromiso de hacer cosas sin impetuosidad, y obtendrás fruto de ellas; no será el fruto de tu diligencia sino de la bendición de Dios, quien recompensará tu diligencia, y esto con certeza si actúas con perseverancia.*

Estas palabras fueron escritas a la misma mujer, pero son para todos. ¿Quién de nosotros no sabe la experiencia de fracasos repetidos, incluso "muchas veces al día"? La llamada del Venerable Bruno es siempre igual: "Sé constante en levantarte inmediatamente cada vez." Comienza de nuevo. Inmediatamente. Cada vez. Si lo hacemos, nos volveremos más humildes, tendremos más confianza en el Señor, y avanzaremos "mucho en el servicio a Dios."

"Persevera en tu compromiso de hacer cosas sin impetuosidad, y obtendrás fruto de ellas." Sin impetuosidad, sin estrés, sin esfuerzos agotadores—con intención, con fe, con amor. Dios no nos pide que nos dejemos llevar hasta la extenuación. "El fruto del Espíritu es amor, gozo, paz, paciencia, benignidad, bondad, fidelidad, mansedumbre, dominio propio" (Gal. 5:22-23). Persevera, y tus esfuerzos darán fruto, obra de la gracia de Dios en ti.

102. *Yo, por mí mismo, no puedo hacer nada bueno, pero puedo hacerlo todo en Dios quien se preocupa tan amorosamente por mi salvación que nunca me fallará con su gracia.*

"Yo lo puedo todo en aquel que me conforta" (Flp. 4:13). "No hay nada imposible para Dios" (Lucas 1:37). El Venerable Bruno reconoce dos verdades. Primero, "por mí mismo, no puedo hacer nada bueno;" "puedo hacerlo todo en Dios." Segundo, este es el Dios "quien se preocupa tan amorosamente por mi salvación que nunca me fallará con su gracia."

Estas dos verdades se aplican también a nosotros. Una internalización profunda de ellas conduce a una riqueza espiritual doble: una percepción humilde de uno mismo (Mateo 5:3) y una confianza firme en el amor personal de Dios por nosotros. Esta doble conciencia es la raíz del canto jubiloso de María, "Mi espíritu se estremece de gozo en Dios, mi salvador, porque el miró con bondad la pequeñez de su servidora" (Lucas 1:47-48).

103. *Hoy me propongo pensar, hablar y comportarme como un santo, y practicar actos de generosidad: Dios, ven a mi auxilio. A ti dirijo todas mis habilidades y acciones.*

Al comenzar el día, el Venerable Bruno mira a los santos y no duda en buscar su amor a Dios—pensar, hablar y comportarse como ellos, ser generoso y valiente en servicio a Dios.

El Concilio Vaticano Segundo habló de la llamada universal a la santidad. Lo sabemos y lo aceptamos. ¿Pero nos atrevemos a esperarla? ¿Te atreves? ¿Concretamente? ¿Puedes decir, con el Venerable Bruno, al comenzar el día, "Hoy me propongo pensar, hablar y comportarme como un santo," y pedir, "Dios, ven a mi auxilio," en la sincera esperanza de que esto ocurra realmente?

Acababa de celebrar el funeral de una mujer maravillosa quien murió a los ochenta años. Sus hijos, nietos y bisnietos estaban presentes en la iglesia abarrotada. Había llevado una vida fiel de oración y servicio amoroso a su familia a muchas otras personas. Después de la misa, hablaba con un hombre que comentó, "Esta mujer es una de las santas que nunca serán canonizadas." Esto es lo que también nosotros estamos llamados a ser: santos. Empieza con el compromiso cotidiano de buscar la santidad.

> 104. *Deja que tu corazón esté en paz y sé valiente, porque Jesús, tu esposo, desea que seas una santa, pero, entiende, una santa con defectos, no sin defectos. Ten la certeza de que Dios ama más la virtud que es débil pero humilde que la que es fuerte pero orgullosa.*

Esta es de una carta a una hermana religiosa cuya comunidad había sido cerrada bajo la ocupación francesa. Tras la derrota de Napoleón, se reincorporó a la vida religiosa en una comunidad que había sobrevivido. La transición fue difícil.

De nuevo, desánimo; de nuevo, la llamada a paz del corazón, al valor, a ser un santo: "Jesús...desea que seas una santa, pero, entiende, una santa con defectos." Una santa, *pero una santa con defectos*, y no sin ellos. Esto es real. Esta es la santidad a la que estamos llamados. ¡Es posible!

Luego, una nota: "Ten la certeza de que Dios ama más la virtud que es débil pero humilde que la que es fuerte pero orgullosa." De la "virtud débil pero humilde" y la "virtud fuerte pero orgullosa," Dios ama a la primera.

Una persona que le conoció dio testigo que muchas religiosas salían de sus charlas con el Venerable Bruno consoladas en sus dolores. Aquí encontramos a una de ellas. Ese consuelo es para nosotros también.

> 105. *Busca recibir todo de la mano de Dios para merecer más todavía, y esto te ayudará a disminuir tu cruz. De otro modo, la cruz se hace aún más pesada y difícil de llevar. Está en nuestro interés hacer la necesidad una virtud. Yo he propuesto estos motivos tan humanos porque nuestra humanidad necesita todo lo que pueda animarnos.*

Esto también es de una carta a una mujer en circunstancias difíciles. Hermana Leopolda Mortigliengo nacío en Turin e ingresó en las Hermanas de la Visitación a los diecisiete años. Después de treinta y nueve años de vida en el monasterio, ella, también, fue expulsada de su convento por orden de la policía francesa. Hermana Leopolda regresó con su familia, y empezó para ella una época difícil. Durante los siguientes catorce años, hasta su muerte, luchó por mantener lo que podía de su vida religiosa mientras vivía con su familia. Esta cita y las dos siguientes están tomadas de una carta que le escribió Bruno durante aquellos años.

Reconociendo las dificultades de las circunstancias de Hermana Leopolda, el Venerable Bruno la invita a recibir sus pruebas "de la mano de Dios." Si solo se contemplan desde una perspectiva humana, resultan aún más difíciles de soportar. "Está en nuestro interés," le dijo, "hacer la necesidad una virtud. Yo he propuesto estos motivos tan humanos porque nuestra humanidad necesita todo lo que pueda animarnos." La perspectiva de la fe aligera nuestras luchas, algo que humanamente deseamos.

Como tantas veces, el Venerable Bruno comienza afirmando nuestra realidad humana y después la eleva al nivel de la fe.

106. *Sé que tú también amas los motivos nobles y generosos en tu servicio a Dios, tal como debe ser, porque Él es grande y merece todo lo que podamos dar. Trata de encontrar fuerzas para este esfuerzo con oración en momentos elegidos durante el día. Prepara el sujeto de tu meditación, y sigue las reglas prescritas para hacerla bien. Estos son medios sencillos que te llevan a la bendición de Dios. Al menos, sufrirás menos por las distracciones y la aridez espiritual de origen voluntario. Esto será más cierto si durante el día buscas ignorar tus castillos en el aire porque solo sirven para atormentarte más. Esto no es fácil, pero solo estarás feliz en el Cielo, así que es mejor aceptar las cruces que el Señor nos envía, porque estas*

son siempre las más adecuadas para nosotros y siempre van acompañadas por grandes gracias.

El Venerable Bruno sabe, también, que esta mujer ama al Señor, que, más allá de las consideraciones humanas ya mencionadas, "tú también amas los motivos nobles y generosos en tu servicio a Dios." La oración le dará a ella esta fuerza, "oración en momentos elegidos durante el día," oración que está preparada y hecha según la regla de su vida religiosa. Fidelidad a tu programa diario de oración, le dice a ella y a nosotros, "te llevan a la bendición de Dios. Al menos, sufrirás menos por las distracciones y la aridez espiritual de origen voluntario."

Si ella—y nosotros—podemos evitar desear que las cosas fueran diferentes, que fueran más fáciles, entonces todo realmente se nos hará más fácil. Escribió Jean-Pierre de Caussade, S.J., "No hay momento alguno en que Dios no se presente bajo la apariencia de alguna pena, obligación o deber. Todo lo que sucede en nosotros, alrededor de nosotros o a través de nosotros, envuelve y encubre su acción divina invisible." (*Abandono a la Divina Providencia*, II, 1). Y continúa: "si estuviéramos más vigilantes y atentos, Dios se nos revelaría sin cesar y nosotros gozaríamos de su acción en todo lo que nos sucede. Entonces, en cada instante y circunstancia diríamos: '¡Es el Señor!' Y en todas las situaciones que vamos recibiendo descubriríamos un don de Dios."

Aquí, y en estas circunstancias, con estas personas y a través de estas tareas, Dios viene a ti y te llama a entregarte en amor y servicio.

107. *Sé paciente contigo misma, soporta tus faltas con humildad y confía en Dios. No olvides el espíritu de renunciación interior y de gentileza hacia los demás tan recomendado por tu santo padre [San Francisco de Sales] y el gozo eterno preparado para ti que será tu recompensa por todo esto.*

Nuestros corazones deben escuchar estas invitaciones una y otra vez: "Sé paciente contigo mismo, soporta tus faltas con humildad y confía en Dios"—otra vez este emparejamiento de una estimación humilde de nuestras propias fuerzas y una confianza ilimitada en la fuerza de Dios en nosotros. "Renunciación interior," "gentileza hacia los demás," modeladas y enseñadas por San Francisco de Sales, y el pensamiento del "gozo eterno preparado para ti que será tu recompensa por todo esto."

San Francisco de Sales escribe, "No solo debemos hablar gentilmente a nuestros vecinos, sino que debemos estar llenos de corazón y de alma, con gentileza; y no solo debemos buscar la dulzura de miel aromática en la cortesía y la suavidad con los extraños, sino también la dulzura de la leche entre los de nuestra propia casa y nuestros prójimos" (*Introducción a la vida devota*, III, 8).

108. *Las verdades que me persuadieron son las que persuadieron a los santos. Son y siempre serán las mismas; ni el tiempo ni la falta de reflexión harán que pierdan su poder; y por lo tanto, como me conmovieron una vez, con la ayuda de Dios, siempre deben conmoverme.*

¿En qué basamos nuestras vidas? ¿Qué principios nos guían? ¿Qué verdades? ¡Todo depende de esto!

"Las verdades que me persuadieron son las que persuadieron a los santos." Estas son las verdades sólidas, seguras, fundacionales e inspiradas por las que nosotros también podemos vivir. ¿Qué verdades inspiraron a San Agustín? ¿Santo Tomás de Aquino? ¿San Francisco de Asís? ¿Santa Catalina de Siena? ¿San Ignacio de Loyola? ¿Santa Teresa de Ávila? ¿Santa Teresa de Calcuta? ¿San Juan Pablo II? Ellos no se equivocaron. El Venerable Bruno eligió vivir según estas verdades—y nos invita a nosotros a hacer lo mismo.

Estas verdades—que hemos sido creados por Dios, que estamos llamados a amarle y servirle en la vocación que nos ha dado, que encontraremos el amor y la gracia para hacerlo a través de Jesucristo, la Iglesia y los sacramentos, y que estamos llamados a una eternidad de vida con la Santísima Trinidad—"son y siempre serán las mismas."

Bruno desea que estas verdades inmutables guíen no solo su juventud, sino todas las etapas de su vida. "Ni el tiempo ni la falta de reflexión harán que pierdan su poder; y por lo tanto, como me conmovieron una vez, con la ayuda de Dios, siempre deben conmoverme." Y a nosotros también. Y a ti también, en tu etapa actual de la vida. Esta es una gracia que hay que pedir a Dios, ¡qué estas verdades conserven siempre su esencia en nuestros corazones!

109. *Haz todo con una gran voluntad, e incluso las cosas pequeñas tendrán un gran valor.*

Cosas pequeñas, como el comienzo del día, sonreírle a otra persona, preparar una comida, hablar por teléfono, responder al correo electrónico, interactuar con tu marido, tu esposa, tus hijos, hacer tu trabajo—"Haz todo con una gran voluntad, e incluso las cosas pequeñas tendrán un gran valor."

He leído recientemente las 281 cartas de Santa Zélie Martin, la madre de Santa Teresa de Lisieux. En el sentido del Venerable Bruno, su vida consistió en "cosas pequeñas"—su relación con su marido, criar a sus cinco hijas, ayudarlas en sus luchas, gestionar la empresa familiar, interactuar con sus trabajadores y clientes, pasar tiempo en oración y en la iglesia, ayudar a los necesitados. Mientras leía, me maravillaba del amor que Santa Zélie ponía en estas "cosas pequeñas." Las hizo con "una gran voluntad" y tuvieron "gran valor." La vida de su hija, Santa Teresa, también consistió en "cosas pequeñas," como ayudar a preparar la comida, atender la sacristía, acompañar a las novicias, componer obras de teatro para la comunidad—y el Papa San Pio X la nombró "la mayor santa de los tiempos modernos."

"Haz todo con una gran voluntad, e incluso las cosas pequeñas tendrán un gran valor." Este es nuestro camino—tu camino—hacia la santidad. Puedes hacerlo hoy mismo.

110. *No quiero vivir sino para la gloria de Dios; sólo a esto debo dedicar todas mis capacidades del alma y del cuerpo. Y cuando sea necesario pensar, hablar y trabajar por Dios, necesario dar mi propia vida, que todo se pierda, sea lo que sea: esto debo hacer.*

Estas palabras no eran abstractas para el Venerable Bruno. Llegó un momento en que el papa era cautivo de Napoleón, y el Venerable Bruno supo que su propia vida corría peligro por defenderle. De hecho, fue arrestado, interrogado, privado de su ministerio sacerdotal y exiliado—un exilio al que no esperaba sobrevivir.

¿Qué se nos pedirá en nuestros tiempos como fieles seguidores de Jesús y miembros de su cuerpo, la Iglesia? ¿Qué pidieron de Santo Tomás Moro? ¿De los que viven su fe cristiana en lugares y tiempos de persecución? "Cuando sea necesario pensar, hablar y trabajar por Dios, necesario dar mi propia vida, que todo se pierda, sea lo que sea: esto debo hacer." Con tranquila confianza en el amor del Padre, en el poder de la gracia salvadora de Jesucristo, en la valentía infundida por el Espíritu Santo, que surja también de tu corazón este deseo, esta oración.

111. *Cualquier acto de caridad merece la vida eterna, y en la otra vida ya no podremos rendir servicio a Dios.*

"Setenta es la suma de nuestros años, u ochenta, si somos fuertes" (Sal. 90:10). Cada uno de estos años es un don de Dios, un tiempo para demostrarle amor a Él y a aquellos que Él ha puesto en nuestras vidas: "Cualquier acto de caridad merece la vida eterna."

"En la otra vida ya no podremos rendir servicio a Dios." Ahora, hoy, esta semana es el tiempo de amar y servir. Cada día nos ofrece el "sacramento del momento presente," como Padre Jean-Pierre de Caussade lo llama, una oportunidad para responder a la llamada de Dios a amar ahora mismo.

¿A qué acto de caridad te llama Dios hoy? ¿Ahora?

112. *Las inspiraciones son tantas voces de Dios y comparten su poder.*

Cuando era seminarista, un día alrededor de treinta de nosotros, sacerdotes y seminaristas, estábamos en el comedor. Sonó el teléfono. Siempre que sonaba el teléfono durante las comidas, alguien tenía que levantarse y contestar. Esta vez, fui al teléfono y contesté. Un jesuita visitante estaba con nosotros, y la llamada era para él. Tomé el mensaje y fui a su habitación para entregárselo.

Después de entregar el mensaje, empezamos a hablar. El verano anterior, este sacerdote había dirigido los Ejercicios Espirituales Ignacianos de treinta días a uno de nuestros seminaristas. Había oído hablar de ello y, aunque no había dicho nada a nadie, tenía muchas ganas de hacer lo mismo. Tímidamente, le pregunté al jesuita si me consideraría para el retiro del próximo verano. Después de hablar un rato, me dijo que sí. El próximo julio, hice el retiro de treinta días bajo su guía, y desde entonces mi vida ha quedado marcada.

Fui el primero de nuestros seminaristas en estudiar en la Pontificia Universidad Gregoriana en Roma. En un momento, el sacerdote encargado de nuestra formación quería invitar a un profesor, Padre Manuel Ruiz Jurado, S.J., para que nos diera un día de retiro. Padre Ruiz Jurado es uno de los principales expertos sobre los Ejercicios Espirituales y la espiritualidad Ignaciana. Porque lo tenía como profesor, nuestro sacerdote me pidió que le condujera al retiro y de vuelta a la universidad.

En el camino de vuelta, Padre Ruiz Jurado me contó que había hojeado un libro de escritos del Venerable Bruno que había encontrado en el escritorio de su habitación. Entre estos escritos estaba el *Directorio* del Venerable Bruno para conducir Ejercicios Espirituales. Padre Ruiz Jurado dijo que este *Directorio* sería un tema excelente para una tesis de licenciatura. Este comentario se quedó en mi mente, y cuando llegó el momento de escribir una tesis, le pedí al Padre Ruiz Jurado que fuera mi moderador. Aceptó, y escribí mi tesis sobre el *Directorio* del Venerable Bruno. Esto llevó más tarde a una tesis doctoral, otra vez con Padre Ruiz Jurado como moderador. Estos estudios resultaron ser clave para toda mi comprensión del Venerable Bruno.

Unos años después de mi ordenación, cuando me asignaron a Boston, recibí una llamada del sacerdote encargado de nuestra capilla del centro, un jueves. El sacerdote que normalmente celebraba Misa a la 1:00 p.m. en español los domingos tuvo que regresar de repente a su propio país, y ahora, a última hora, no había nadie para celebrar la Misa. Nuestro sacerdote me preguntó si yo estuviera dispuesto a hacerlo. Nunca había celebrado la Misa en español, pero respondí que, dadas las circunstancias, haría lo mejor que pudiera.

Encontré un sacerdote que traduciría mi homilía. La escribí en inglés y la llevé a su rectoría. Todavía lo puedo ver en su escritorio, tecleando el texto en español. Memoricé la homilía, practiqué la Misa en español e hice lo mejor que pude ese domingo. Este fue el comienzo de cinco años de intenso ministerio hispano que me abrió un mundo nuevo. Después, hice varios viajes a América Latina y adquirí un conocimiento del español que me sería de gran ayuda en mis posteriores investigaciones sobre el discernimiento.

¿Y si no hubiera contestado el teléfono ese día? ¿Si no hubiera recordado y actuado según las palabras del Padre Ruiz Jurado mientras volvíamos en coche a la universidad? ¿Si hubiera rechazado cuando el sacerdote me pidió celebrar la Misa en español?

"Las inspiraciones son tantas voces de Dios y comparten su poder." El Venerable Bruno tiene razón. ¡Ojalá que siempre captara y respondiera a las inspiraciones de Dios!

El Espíritu Santo, que habita en nosotros (1 Co. 6:19), no cesa de obrar en nosotros, mostrándonos el camino, abriéndonos la próxima puerta. "Inclinad vuestro oído, y venid a mí; oíd, y vivirá vuestra alma" (Is. 55:3).

> 113. *Sobre todo, le he pedido al Señor que te dé mucho valor y firme esperanza en Dios, para que, por esta virtud, superando todo desánimo y esforzándote para no perder el tiempo precioso que el Señor nos ha dado, alcances un mayor bien para ti mismo y para los demás, especialmente porque el Señor te ha dado tantos medios para esto y el deseo de lograrlo.*

"Sobre todo, le he pedido al Señor que te dé mucho valor y firme esperanza en Dios." Pide sobre todo por "mucho valor y firme esperanza en Dios" para que el desánimo nunca influya en ti, y que estés dispuesto a utilizar "el tiempo precioso que el Señor nos ha dado" para el mayor bien, para la mayor gloria de Dios y para que Él sea mejor conocido y amado.

¿Puedes tomarte un momento ahora y pedirle al Señor por "mucho valor y firme esperanza" para que el tiempo que se te ha dado dé más y mejores frutos para Dios, "especialmente porque el Señor te ha dado tantos medios para esto y el deseo de lograrlo"?

> 114. *Sentí el deseo de conocerle, de amarle, de servirle tan perfectamente como pudiera, y hacer que sea conocido, amado y servido por todos. Ya no quiero ninguna limitación en mi amor a Jesús y a mi prójimo.*

Estas palabras se encuentran en notas personales de retiro escritas después de meditar sobre el amor de Jesucristo. Tocamos aquí el corazón de toda la vida del Venerable Bruno.

"Sentí el deseo de conocerle." Cuando estaba en el colegio, mi párroco, el Padre James Wolfe, me regaló una copia de *Conocer a Jesucristo* por Frank Sheed. Era un nuevo tipo de libro para mí, y me ayudó a entender a Jesús de una manera nueva. No sabía que se podía profundizar en las escrituras de esta manera y aprender sobre Jesús tan ricamente. Era el mejor libro que el Padre pudo haberme dado. Sí, este es el corazón de nuestras vidas: conocer a Jesús. "Y esta es la vida eterna: que te conozcan a ti, el único Dios verdadero, y a Jesucristo, a quien has enviado" (Juan 17:3). Esta es "la excelencia del conocimiento de Cristo Jesús, mi Señor" (Fil. 3:8) por la que San Pablo lo da todo.

"Sentí el deseo...de amarle." "Dios, Dios mío eres tú, de madrugada te buscaré...porque mejor es tu misericordia que la vida" (Salmo 63:1,3). Santa Teresa: "Y ahora no tengo otro deseo que amar a Jesús hasta la locura" (*La Historia de un alma*, VIII). Padre Oblato Antonio Ferrero escribe de la enfermedad terminal del Venerable Bruno: "No contento solo con comunión sacramental, no dejaba de hacer comuniones espirituales, y su oración más frecuente era, *Jesús bone, sitio te* [Buen Jesús, tengo sed de ti], o, más brevemente, con los ojos fijos en el tabernáculo, *Sitio, sitio* [tengo sed, tengo sed]." El deseo, la sed, de amar a Jesús fue el centro de la vida del Venerable Bruno.

"Sentí el deseo...de servirle tan perfectamente como pudiera." En su programa espiritual, el joven Bruno planea como va a vivir los primeros momentos del día: "Inmediatamente después de despertar. Mi Dios y mi todo. Deseo en este día agradar a Dios y cumplir en toda su voluntad, y hacerlo todo para su mayor gloria." San Ignacio de Loyola escribe que "se crea al hombre para alabar, reverenciar y servir a Dios nuestro Señor, y por este medio salvar su alma." El Venerable Bruno rezó con este texto muchas veces, lo interiorizó profundamente y deseó vivirlo cada día. El deseo de su corazón era servir a Jesús, y hacerlo lo mejor posible.

"Sentí el deseo...de hacer que sea conocido, amado y servido por todos." Dios está glorificado cuando corazones humanos llegan a conocerle y amarle, en esta vida y hasta la eternidad. La mayor gloria de Dios es servida por aquello que hace que más corazones humanos le conozcan, le amen y entren así en la vida eterna. El Venerable Bruno, al orar, siente el deseo de ser instrumento de Dios para este mayor bien, para que Jesús sea más conocido, amado y servido por *todos*.

"Ya no quiero ninguna limitación en mi amor a Jesús y a mi prójimo." Ya no quiero ninguna limitación. El Venerable Bruno escribió estas palabras para describir una gracia recibida en la oración. *Ya ninguna limitación.* ¿Podemos al menos desear decirle esto a Jesús, decirle que ya no queremos ninguna limitación en nuestro amor por Él y por lo que nos ha dado?

UNAS PALABRAS PARA CONCLUIR

Un tiempo atrás, me reuní con cincuenta personas en la Abadía Benedictina en Schuyler, Nebraska. La mayoría eran laicos y algunos pocos eras religiosos y sacerdotes. Tres de mis hermanos Oblatos de la Virgen María también estaban allí presentes. Nos habíamos reunido para compartir la enseñanza spiritual del Venerable Bruno.

Cada mañana y tarde, por cuatro días, hablé de varios temas sobre su enseñanza. Este libro nació en estos días mientras veía el impacto de las enseñanzas del Venerable Bruno sobre el grupo. Vi dudas ser aclaradas, el vigor renovado, claridad en sus ideas, esperanza en sus corazones, y un sentido alegre de nueva vida espiritualidad impregnar todo el grupo. Quise compartir esa experiencia con otros. Con algunas adiciones y más comentarios, este libro presenta las citas del Venerable Bruno que nosotros exploramos en ese retiro espiritual.

Cuando terminamos, una persona comentó sobre la esperanza y el ánimo a ser amables con nosotros mismos cuando caemos. La maravillosa idea de siempre comenzar de nuevo. Otro dijo: "Fue muy práctico y me dio un plan para crecer en mi vida spiritual, para que cuando las tentaciones lleguen, yo esté listo y fuerte. Fue bastante animador aunque seamos tan débiles." Incluso otro remarcó: "Aprendí del Venerable Bruno como construir un programa espiritual para mi vida."

Un participante dijo: “El contenido cambió mi vida.” Así es, y puede serlo para ti también.

Qué el Venerable Bruno sea para ti también una fuente de consolación y esperanza en tu camino espiritual.

ORACIÓN POR LA INTERCESIÓN DEL VENERABLE BRUNO LANTERI

Oh Padre, fuente de toda la vida y santidad,
Tú le diste al Venerable Bruno Lanteri gran fe en Cristo, tu Hijo, una esperanza viva, y un amor activo para la salvación de sus hermanos.
Tú lo hiciste profeta de tu palabra y un testigo de tu misericordia.
Él tenía un amor tierno por María, y, a través de su vida, enseñó fidelidad a la Iglesia.
Padre, escucha la oración de tu familia, y, a través de la intercesión del Venerable Lanteri, concédenos la gracia que pedimos...
Qué él ascienda a los altares, qué nosotros podamos darte gran alabanza. Pedimos esto a través de tu Hijo, Jesucristo, nuestro Señor.
Amén.

⋆ ⋆ ⋆

Para solicitar oraciones o compartir gracias recibidas por la intercesión del Venerable Bruno, y para obtener información sobre su causa de canonización, diríjase a: https://www.omvusa.org/bruno-lanteri/.

RECURSOS

Recursos impresos

Timothy M. Gallagher, O.M.V., *Begin Again: The Life and Spiritual Legacy of Bruno Lanteri*, Crossroad, 2013.

Timothy M. Gallagher, ed., *The Venerable Bruno Lanteri: Spiritual Counsels for Life in the World*, Discerning Hearts, 2016.

Otros materiales impresos como estampillas de oración, folletos y libros de oración también están disponibles. Para más información, visite la página web del Venerable de Bruno Lanteri (https://www.omvusa.org/bruno-lanteri/) o envíe un correo electrónico a los Oblatos a office@omvusa.org.

Recursos digitales

Sitio web del Venerable Bruno Lanteri:
www.omvusa.org/bruno-lanteri/.

Película documental sobre el Venerable Bruno, *Nunc Coepi*:
https://www.omvusa.org/bruno-lanteri/life-legacy/documentary/view-documentary/ (en Inglés, Español e Italiano)

Para aquellos interesados en el discernimiento vocacional con los Oblatos de la Virgen María:

Director de vocaciones
Seminario Nuestra Señora de la Gracia
1105 Boylston St., Boston, MA 02215
617.869.2429
vocations@omvusa.org
www.omvusa.org

FUENTES

Abreviaciones

B Timothy M. Gallagher, O.M.V., *Begin Again: The Life and Spiritual Legacy of Bruno Lanteri*, New York: Crossroad, 2013.

C Paolo Calliari, O.M.V., ed., *Carteggio del Venerabile Padre Pio Bruno Lanteri (1759–1830) fondatore della Congregazione degli Oblati di Maria Vergine*, 5 vols., Turin: Editrice Lanteriana, 1976.

E Timothy M. Gallagher, O.M.V., ed., *Un'esperienza dello Spirito. Pio Bruno Lanteri: Il suo carisma nelle sue parole*, Cuneo: AGA, 1989.

G Pietro Gastaldi, O.M.V., *Della vita del Servo di Dio Pio Brunone Lanteri, fondatore della Congregazione degli Oblati di Maria Vergine*, Turin: Marietti, 1870.

P Amato Frutaz, ed., *Pinerolien. Beatificationis et canonizationis Servi Dei Pii Brunonis Lanteri fundatoris Congregationis Oblatorum* M. V. (1830): *Positio super introductione causae et super virtutibus ex officio compilata,* Rome: Typis Polyglottis Vaticanis, 1945.

S Scritti e documenti d'archivio, Rome: Edizioni Lanteri, 2002.

SC Timothy M. Gallagher, O.M.V., ed., *The Venerable Bruno Lanteri: Spiritual Counsels for Life in the World*, Omaha: Discerning Hearts, 2016.

Fuente de cada cita

1. B, 98-99.
2. B, 133-134.
3. B, 134.
4. E, 249.
5. B, 77.
6. B, 62.
7. B, 87-88.
8. B, 63.
9. P, 632.
10. S, 570.
11. B, 62.
12. C, 2, 323.
13. C, 2, 324.
14. C, 2, 324.
15. S, 1, 747.
16. S, 1, 748.
17. S, 1, 751.
18. S, 1, 752.
19. S, 1, 752.
20. S, 1, 757.
21. S I, 759-760.
22. S, 1, 760.
23. S 1, 571.
24. G, 170.
25. C, 2, 161.
26. SC, 35.
27. SC, 35.
28. SC, 35.
29. SC, 35.
30. SC, 35.
31. SC, 35.
32. SC, 568-569.
33. S, 1, 569.
34. S, 1, 569.
35. S, 1, 569.
36. S, 1, 569.
37. S, 1, 569.
38. S, 1, 569.
39. S, 1, 569.
40. S, 1, 569.
41. S, 1, 569.
42. S, 1, 569.
43. S, 1, 569.
44. S, 1, 569.
45. S, 1, 569.
46. C, 2, 344.
47. C, 2, 352.
48. SC, 7.

49. P, 536.
50. SC, 12.
51. S, 1, 558.
52. SC, 13-14.
53. S, 1, 562.
54. S, 1, 566.
55. B, 218.
56. C, 2, 168.
57. P, 537.
58. S, 1, 570.
59. SC, 38.
60. E, 126-127.
61. E, 127.
62. E, 127.
63. E, 127.
64. E, 127.
65. E, 127.
66. E, 148.
67. SC, 26.
68. C, 2, 314.
69. B, 73.
70. B, 75.
71. B, 22.
72. C, 2, 166.
73. C, 2, 314.
74. C, 2, 325.
75. C, 2, 352.
76. B, 147.
77. SC, 24-25.
78. C, 2, 321.
79. B, 49.
80. B, 49-50.
81. SC, 41.
82. SC, 41.
83. SC, 41.
84. SC, 41-42.
85. SC, 42.
86. B, 122.
87. B, 122.
88. B, 191.
89. B, 227.
90. B, 220.
91. B, 220.
92. B, 220.
93. B, 220.
94. B, 220.
95. B, 220.
96. B, 220.
97. B, 30.
98. S, 1, 563-564.
99. B, 62-63.
100. S, 1, 757.
101. S, 1, 757.
102. S, 1, 559.
103. S, 1, 559.
104. S, 1, 759.
105. C, 2, 306.
106. C, 2, 306-307.
107. C, 2, 307.
108. S, 1, 561.
109. S, 1, 560.
110. S, 1, 561.
111. S, 1, 561.
112. S, 1, 561.
113. C, 2, 251.
114. B, 34.

ACERCA DEL AUTOR

El Padre Timothy M. Gallagher, O.V.M., fue ordenado en 1979 como miembro de los Oblatos de la Virgen María, una comunidad religiosa dedicada a dar retiros y formación espiritual basados en los Ejercicios Espirituales de San Ignacio de Loyola. Habiendo obtenido su doctorado en 1983 en la Universidad Gregoriana, él ha enseñado (Seminario de San Juan en Brighton, Massachusetts; Seminario Residencia de Nuestra Señora de la Gracia, Boston) asistido en formación y ha servido dos términos como provincial en su comunidad. Es un conferencista frecuente en EWTN, y sus grabaciones de conferencias digitales son usadas alrededor del mundo. Ha escrito varios libros sobre el Venerable Bruno Lanteri y la Liturgia de las Horas. Actualmente ocupa la Cátedra de Formación Espiritual de San Ignacio en el Seminario de Teología de San Juan Vianney en Denver, Colorado.